マーケティング論

芳賀康浩・平木いくみ

マーケティング論（'17）
©2017　芳賀康浩・平木いくみ

装丁・ブックデザイン：畑中　猛
s-63

まえがき

　私の本務校である青山学院大学にはマーケティング学科がある。当然のことながら，マーケティングを学びたいという学生がたくさん入学してくる。一体，高校生が「マーケティング」という言葉をどこで覚えるのだろうと不思議に思うことがある。しかし，改めて考えてみれば，ビジネス書やビジネス雑誌はもちろん，テレビのニュース番組，さらにはバラエティ番組でもマーケティングという言葉を見聞きすることもある。マーケティングはもはや専門的なビジネス用語・学術用語ではなく，一般的な言葉になったようである。企業をはじめとするさまざまな組織の経営において，マーケティングが重要であるという認識が定着したことの証であろう。マーケティング学科に所属し，マーケティングを研究するものとして喜ばしい限りである。

　しかしその一方で，マーケティングはますます難しくなっている。我が国では人口減少時代を迎え，長期的に成長が約束されている市場はほとんどない。多くの企業が成熟市場で，極めて高い水準の技術を武器に競争を繰り広げている。その結果，非常にハイレベルな製品を提供しているにもかかわらず，他社製品との明確な違いを打ち出せないという厳しい状況に追い込まれている企業も少なくない。高い技術を持つがゆえに苦境に立たされるというのも皮肉な話である。

　また，コミュニケーション環境の激変もマーケティングの難しさに拍車をかけている。インターネットがマーケティングのツールとして使われるようになって久しいが，その用途は拡大の一途をたどっている。今や，インターネットは広告媒体であり，販売チャネルであり，マーケティング・リサーチの手段であり，製品開発のプラットフォームでもあ

る。そして，それぞれの分野で新たなテクノロジーが次々と生み出されている。

　ある目的を達成するために利用可能な手段の増加は望ましいことである。その一方で，選択肢の増加は，起こりうる結果の数を幾何級数的に増加させる。その結果，手段の選択は極めて困難なものになっている。実際に，マーケティング担当者に，「ブランド・サイトは作った方が良いか」「どのSNSが有効か」といったことを尋ねられることは少なくない。マーケティングに関する意思決定はますます難しくなっているのである。

　多様な手段に振り回されないためのひとつの方法は，その手段を何のために使うのかを明らかにする，つまり目的に適合した手段を論理的に選択するということである。ブランド・サイトやSNSを使って何をすべきなのか，そのすべきことはどのようなマーケティング成果に結びつくのか。このような論理的思考の補助線となることが本書の狙いである。

　この狙いを全うするために，本書の執筆にあたっては次の2つのことを心がけた。

　1つは，「ベーシック」にこだわるということである。激しい変化に翻弄され，混乱させられることが多い状況ほど，迷ったときに立ち返るべき「基礎」を持つことの重要性は大きくなるだろう。

　もう1つは，文脈にこだわるということである。マーケティングの変化によって，次々と新しい概念やツールが生み出されている。そのためだろうか，最近のコンパクトなマーケティングの入門テキストは，ともするとマーケティング用語を列挙した「事典」的なものが少なくない。もちろんそのようなテキストの有用性は全く否定できない。ただ，本書ではそうしたテキストで順不同的に紹介されるマーケティング用語の関連づけ，重要性を判断するために必要な，いわば「文脈」を重視してい

る。各章・節・項のつながりが分かりやすいことを意識して，マーケティングの骨格を描いたつもりである。その分，新しい用語などの説明は省略せざるを得なかったので，その点についてはマーケティング用語辞典などで補っていただきたい。本書を読んで，ストーリーらしきものを感じていただければ幸いである。

　本書の出版にあたり，多くの方にお世話になった。放送大学の講義というやりがいのある仕事をご紹介してくださった早稲田大学の恩藏直人先生には，本書の構成や内容に関して，さらには放送教材の制作についても貴重なアドバイスとご協力をたくさんいただいた。放送大学の本科目担当者である齋藤正章先生，本科目の前任担当者である専修大学の橋田洋一郎先生，関西学院大学の須永努先生にも，放送大学の教材作成に関してさまざまなアドバイスをいただいた。また，本書の編集担当・高野耕三氏には，執筆の要領を何度も教わったうえ，原稿を丁寧に読んでいただき，修正・改善すべき場所をご指摘いただいた。

　この場を借りて，お世話になった皆様に心より感謝申し上げる。

　　　　　　　　　　　　　　　　　　　2016年12月
　　　　　　　　　　　　　　　　　　　著者を代表して　芳賀康浩

目次

まえがき　3

1　マーケティングとは何か　｜ 芳賀康浩　11

1. 企業経営の両輪としてのイノベーションと
   マーケティング　11
2. マーケティングとは　13
3. マーケティング発想としての
   マーケティング・コンセプト　16
4. マーケティング・マネジメント　22
5. マーケティングの適用領域の拡大　23

2　顧客価値と顧客満足　｜ 平木いくみ　25

1. マーケティングにおける顧客価値と顧客満足　25
2. 顧客価値　27
3. 顧客満足　33
4. カスタマー・エクィティ　37

3　マーケティング戦略の構図　｜ 芳賀康浩　40

1. マーケティング戦略とは　40
2. マーケティング・ミックス　42
3. セグメンテーション　43
4. ターゲティング　45
5. ポジショニング　47
6. マーケティング戦略の全体像　50

4 マーケティング環境の分析　　｜芳賀康浩　53

   1．環境変化とマーケティング　53
   2．マーケティング環境を構成する諸要因　55
   3．マーケティング環境の分析ツール　58

5 消費者行動の分析1：消費者情報処理
　　　　　　　　　　　　　　　　　｜平木いくみ　66

   1．消費者行動の概要　66
   2．知覚　67
   3．記憶　71
   4．態度　74
   5．消費者関与　75
   6．集団の影響　77

6 消費者行動の分析2：購買行動
　　　　　　　　　　　　　　　　　｜平木いくみ　81

   1．購買決定プロセス　81
   2．店舗内購買行動　88
   3．購買行動に影響を与える状況要因　90
   4．オンライン購買行動　93

7 マーケティング・リサーチ　　｜平木いくみ　97

   1．マーケティング・リサーチとは　97
   2．調査目的とリサーチのタイプ　101
   3．データの収集　104
   4．データの分析　112

8 製品戦略　　　｜ 芳賀康浩　115

1. 製品の分類　116
2. マーケティングにおける製品概念　117
3. 製品ライフ・サイクルと製品ミックス　120
4. 新製品開発　126

9 ブランド戦略　　　｜ 平木いくみ　134

1. ブランドとは何か　134
2. ブランド・エクイティ　138
3. ブランド要素　143
4. 二次的ブランド連想の活用　145
5. ブランドの活用戦略　147

10 価格戦略　　　｜ 芳賀康浩　151

1. マーケティングにおける価格戦略の意義　151
2. 最適価格の導出方法　155
3. マーケティング戦略と価格設定　159

11 流通戦略　　　｜ 芳賀康浩　166

1. 流通戦略の意義と内容　166
2. マーケティング・チャネルの設計　169
3. マーケティング・チャネルの管理　173
4. マーケティング環境の変化と
   マーケティング・チャネル　176

12 マーケティング・コミュニケーション
　　　　　　　　　　　　　　　　　　　| 平木いくみ　180

1. マーケティング・コミュニケーションの意義　180
2. コミュニケーションへの反応プロセス　183
3. コミュニケーション手段　184
4. プロモーション・ミックス　189
5. 消費者間コミュニケーション　192
6. IMC　194

13 サービス・マーケティング　| 芳賀康浩　197

1. サービスとは何か　198
2. サービスの特性とマーケティング上の課題　202
3. サービスのマーケティング戦略　206
4. サービス・マーケティングと顧客満足　210

14 リレーションシップ・マーケティング
　　　　　　　　　　　　　　　　　　　| 平木いくみ　215

1. 顧客リレーションシップの概念　215
2. 顧客リレーションシップのレベルと収益性　218
3. 顧客リレーションシップ構築のアプローチ　220
4. ブランド・コミュニティ　223
5. サービス・リカバリー　224
6. 顧客データベースの活用　225
7. 顧客リレーションシップの結果　226

15 ソーシャル・マーケティング | 芳賀康浩　230

1. マーケティングと社会的価値　230
2. ソーシャル・マーケティングの登場　232
3. 非営利組織によるマーケティング　233
4. 社会的責任論としてのソサイエタル・マーケティング　236
5. ソサイエタル・マーケティングの新展開　238

索引　245

1 | マーケティングとは何か

芳賀康浩

《目標＆ポイント》 マーケティングは単なる企業の一職能ではなく，企業経営に欠かせない基本的な考え方である。本章では，マーケティングとはどのような考え方なのか，それはどのように経営活動に具現化されるかについて解説する。また，マーケティングが適用される範囲についても言及する。
《キーワード》 セリングとマーケティング，マーケティング・コンセプト，マーケティング・マネジメント

あらゆる企業は，何らかの製品やサービスを販売することによって存立している。この意味で，製品やサービスの販売は企業が存続するための大前提である。では，この製品やサービスの販売を維持するためには何が必要だろうか。この問いに対する答えがマーケティングである。本章では，あらゆる企業の存立基盤としてのマーケティングの本質を見たうえで，その実施の枠組みを解説しよう。

1. 企業経営の両輪としてのイノベーションとマーケティング

自社の製品やサービスを販売し続けるためには何が必要だろうか。それは，消費者が対価を支払ってでも，自社の製品・サービスを購入したいと思うことである。では，消費者はどのような製品やサービスを購入したいと思うのだろうか。それは，顧客にとっての価値，すなわち顧客価値の高い製品やサービスである。私たちがコンビニエンス・ストアで

140円支払って PET 飲料を購入したり，わざわざ時間と交通費を費やして遠くの小売店まで買い物に出かけたりするのは，少なくともそうした費用に見合った価値を製品やサービスが有していると私たちが感じるためである。つまり，企業が自社の製品やサービスの販売を確保するためには，自社の製品やサービスの顧客価値が単に優れているというだけでは不十分であり，「他社の製品やサービスよりも優れている」と「消費者に知覚」されなければならない。

　自社の製品やサービスの顧客価値が他社のそれよりも優れていると消費者に知覚されるためには，自社の製品やサービスが他社の製品やサービスにない顧客価値を持つ必要がある。この「他にはない価値」を生み出すのがイノベーションである。私たちの周りにあるいわゆる「ヒット商品」を見てみれば，それが何らかの「他にはない価値」を有していることが分かるだろう。ただし，イノベーションによって生み出される価値が「他にはない」ということは，販売を確保するうえでの必要条件であるが十分条件ではない。例えば，「時速300kmで走行可能な乗用車」は革新的ではあるかもしれないが，それに意味のある価値を認める消費者はいないであろう。つまり，企業はイノベーションを目指すのに先立って，消費者に高く評価される価値を発見する必要がある。

　さらに，イノベーションが革新的であればあるほど，その価値を消費者が理解することが困難になる。例えば，現在主要な自動車メーカーが次世代自動車と目される燃料電池車を市場に投入しているが，その価格に見合った価値を見いだす消費者はまだ多くないかもしれない。燃料電池車は，走行しても水しか排出しないという画期的な環境性能を有しているが，その環境性能が地球環境の保護に実質的なインパクトを持つためには，かなりの普及台数を要するだろう。このようなイノベーションの価値が「実現」するためには，その販売，そして消費が必要なのであ

る。

　以上をまとめると，企業が自社の製品やサービスの継続的販売を確保するためには，イノベーションが必要であるが，その価値を発見することによってイノベーションを方向づけたり，イノベーションによってもたらされる価値を実現したりすることも必要である。そうした価値の発見や価値の実現をもたらすのがマーケティングである。この意味で，イノベーションとマーケティングは切り離すことができない。これが，イノベーションとマーケティングが企業経営の両輪と言われる所以である。

2．マーケティングとは

　企業が存続するためには，自社の製品やサービスの販売が必要である。ただし，製品やサービスの販売自体は，マーケティングそのものではない。「マーケティング（marketing）」という言葉は20世紀初頭のアメリカで生まれた比較的新しい言葉である。それまでは，販売には「セリング（selling）」という言葉が使われていた。新しい言葉が生み出されるのは，従来の言葉では言い表すことのできないものごとが登場したことを意味している。つまり，この時期のアメリカに，セリングという言葉では言い表すことのできない販売行為が行われるようになり，それにマーケティングという言葉が与えられたのである。それでは，マーケティングという言葉がなぜ必要になったのか，その背景を簡単に振り返ってみよう（田内1985, pp. 10-29；上原1999, pp. 24-36）。

（1）「販売」への注目
　19世紀末のアメリカは産業革命を背景に，工業力を飛躍的に増大させていた。その中で資本を蓄積したいわゆる「大企業（big business）」が登場し，消費財の大量生産が行われるようになっていった。これに

よって，大量生産を行う製造業者の経営課題に大きな変化が生じた。大量生産を行うことのできない時代の経営課題は，まさに「少しでも多く生産すること」であった。つまり，需要量に供給量が追いつかないため，作れば作るだけ売れると言う状況にあったのである。大量生産体制はこのような経営課題を解決するとともに，新しい経営課題を経営者に突きつけることになった。それが「販売」である。大量生産によって供給量が需要量に追いつく，さらには追い越すような状況が生まれたのである。それまでのように，「作れば売れる」という状況ではなくなり，売るための努力が必要になったのである。

そこで，製造業の経営者は販売を専門に担当する従業員を採用し，販売部隊（sales force）を組織していった（日本では販売部隊のことを営業部門，あるいは単に営業と呼ぶことが多い）。販売員たちは，「誰に，何を，どのように」伝えれば販売に成功するかについて市場調査を行って研究し，その販売技術（セールス・テクニック）を洗練させていった。その技術の多くは現在でも多くの企業で使われている。企業も彼らの販売活動を支援するために，当時のマス・メディアである新聞を使って広告（マス広告）を行った。

(2) マーケティングの誕生

マス広告は，製造業者が消費者に直接アプローチすることを可能にしたという点も見逃せない。大量生産以前の製造業者にとって販売は流通業者（卸売業者や小売業者）への販売であり，その先は流通業者に任せておけば良かった。この意味で，流通業者への販売は製造業者の生産活動のゴールであった。しかし，大量生産によって供給量が過剰気味になった時に，自社製品の販売を確保するためには，最終消費者によって競合製品の中から自社製品が選ばれなければならない。つまり，生産活

動のゴールは消費者による購買になり，流通業者はそのための手段になったのである。マス広告によって最終消費者にアプローチすることで，自社製品に対する選好をつくり出すことができれば，流通業者も自社製品の取扱いに積極的にならざるを得ない。そうなれば，流通業者との取引交渉においても有利な立場に立つことができる。

このように，大量生産を可能にした製造業者は，市場調査に基づく販売員の活動，積極的なマス広告，流通業者への影響力の行使へと販売行為の内容を拡大していった。それはもはや，流通業者に作ったものを単純に販売して終了する従来のセリングとは全く異なるものと認識されたため，マーケティングという言葉で呼ばれるようになった。

(3) 現代的なマーケティングの確立

しかし，現在私たちが用いるマーケティングという言葉の内容はさらに変化している。その変化のきっかけとなったのが1929年に始まる世界恐慌である。それにより，アメリカも長期的な大不況を経験する。その中では，いかなる販売技術もマス広告も無力であった。結局，アメリカの景気が回復するには第二次世界大戦を待たなければならなかった。大戦後，アメリカの大規模製造業の経営者は不況期を振り返り，自らのビジネスのあり方について反省する。そして彼らが出した答えが，「売れるものしか作ってはならない」ということであった。

つまり，それまでの「作ったもの（製品）をいかにして販売するか」から，「売れるものをいかにして生産するか」への発想の転換が起こったのである。「生産ありきの販売」から「販売ありきの生産」へと180度の発想の転換である。この前者がセリングであり，後者がマーケティングである。著名な経営学者P. ドラッカーが残した「マーケティングの目的はセリングを不要にすることである」という言葉はこのようなマー

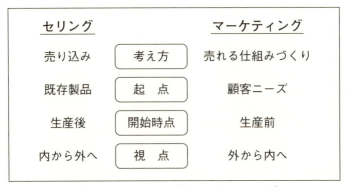

図表 1 - 1　セリングとマーケティング

(出所：嶋口 (1994), p. 27, 表 1 および恩藏 (2004), p. 15, 図表 1 - 1 を参考に筆者作成。)

ケティングの本質を鋭く言い表している。多くの消費者が望む製品やサービスを提供することができれば，強引に売り込む努力は不要である。この意味で，マーケティングは単なる販売ではなく，「売れる仕組みづくり」なのである〔図表 1 - 1〕。

3. マーケティング発想としてのマーケティング・コンセプト

「販売できるものの生産」というマーケティングの考え方は，それまでの「生産したものの販売」という考え方を180度転換させる画期的な新発想であった。このマーケティング的発想法，つまりマーケティングを進めていく際に拠って立つべき基本的な考え方・理念はマーケティング・コンセプトと呼ばれており，（1）顧客志向性，（2）利益志向性，（3）統合性の 3 本柱からなっている（宮澤 1995, pp. 12-17）。

(1) 顧客志向性

　顧客のニーズを的確に把握し，それを満たすことのできる製品やサービスを提供することで顧客を満足させなければならないという考え方であり，マーケティングの出発点となる中核理念である。「顧客第一主義」「顧客中心主義」のように，顧客志向を標榜する社訓を掲げる企業は古くから数多く存在する。また，企業のウェブサイトで紹介される企業情報の中に，「顧客ニーズ」「顧客満足」といった言葉が出てこないことはほとんどないだろう。「顧客志向」はいわば企業経営の「常識」「当たり前」なのである。にもかかわらず，マーケティングを展開するにあたって，改めて顧客志向から出発することを強調するのは，その実現が難しいからである。ビジネス上の課題には「言うは易く，行うは難し」というものが多いが，顧客志向はその典型なのである。

　顧客志向の実現を困難にする要因にはさまざまなものがある。例えば，顧客のニーズを満たすといった時に，どのようなニーズを満たせば良いのだろうか。恩藏（2007）は，顧客ニーズを①明言されるニーズ，②真のニーズ，③学習されるニーズという3つのレベルに整理している（pp. 115-116）。

　①明言されるニーズとは，顧客自身がすでに認識しているニーズであり，アンケートやインタビューなどの調査によって容易に把握することができるニーズである。

　②真のニーズとは，調査などで顧客から直接的に回答を得ることはできないが，得られた回答から容易に推測できるニーズである。例えば，低カロリーの飲料が欲しいという顧客の声の背景には，「やせたい」「異性にもてたい」「長生きしたい」といったニーズが隠れているだろう。これらのニーズについては，マーケティング・リサーチを行えば，比較的容易に把握することができる。実際に多くの企業がこうしたニーズを

捉えてマーケティングを展開している。しかし，ここに顧客志向の落とし穴がある。容易に把握できるということは，ほとんどの企業が把握しているということである。同じニーズを同じ技術で充足しようとするのであれば，製品はおのずと同質化してしまう。コンビニエンス・ストアの缶コーヒーの棚を見てみれば，主要メーカーの製品ラインナップが非常に似通っていることが分かるだろう。表層的なレベルのニーズに応えているばかりでは，競合他社との差別化ができず，市場での有利な立場を獲得することは困難なのである。

そこで，注目されるのが③学習されるニーズである。これは，製品やサービスが消費者に提示されて初めて生じるニーズである。例えば，スマートフォンが登場する前に，携帯電話に関するマーケティング・リサーチを行っても，「タッチパネル式のインターフェイス」「好きなアプリケーションをダウンロードして機能をカスタマイズできる」といった特徴を持つ携帯電話を求める声は得られないだろう。だからといって，こうした携帯電話に対するニーズがない訳ではないことは，その後のスマートフォンの急速な普及を見れば明らかである。消費者は，スマートフォンに触れることによって，そうした携帯電話へのニーズを学習したのである。このレベルのニーズを充足する製品・サービスは非常に画期的なものとして市場に受け入れられるだろう。ただし，このようなニーズを把握するためには，顧客に関する深い洞察，つまりカスタマー・インサイト（customer insight）が必要である。カスタマー・インサイトの獲得は容易ではないが，そのためのマーケティング・リサーチ手法の開発が近年進められている。これについては，第 7 章で紹介する。

顧客志向を実現することを困難にする要因をもう 1 つ挙げておこう。それはニーズを満たすべき顧客は誰かということである。消費財メーカーの顧客は製品を最終的に使用・消費する最終消費者である。しかし，

多くの場合，当該メーカーが製品を直接販売する相手は流通業者である。この意味で，流通業者も顧客である。最終消費者と流通業者のニーズが一致していれば問題ないが，最終消費者が安全性の高い製品を求めているのに対して，流通業者が低価格の製品を求めるといったように，両者のニーズが異なっている場合には非常に悩ましい状態が生じる。

　先にも述べたとおり，マーケティングという観点からはあくまでも最終消費者こそが顧客であり，流通業者は最終消費者にアプローチするための手段である。しかしその一方で，加工食品や飲料であればスーパーやコンビニエンス・ストアでの販売は欠かせないことも事実である。こうした小売業者に自社製品を取り扱ってもらえなければ最終消費者への販売は実現できない。小売業者による取扱いを確保するためには，小売業者のニーズにも応えなければならないのである。こうした流通業者への対応については第10章で検討する。

　また，最終消費者だけに注目しても，誰のニーズに応えるのかという問題が生じることがある。小川（1999）は，購買と使用場面に注目すると，顧客には購買者（buyer），支払者（payer），使用者（user）という3つの側面があることを指摘している（pp. 158-159）。例えば，祖父が孫にゲームソフトを買い与えるという場合を考えてみよう。ゲームソフトの購買者は祖父であり，使用者は孫である。さらに，祖父は購入資金を提供するだけで，購入を行うのは孫自身であったり，孫の父母であったりする場合には，祖父は支払者である。このような場合，購入するゲームソフトの決定に最も影響力のある顧客は誰かを見極める必要があるだろう。

　最後に，顧客志向の問題点を指摘しておこう。顧客ニーズの充足は重要だが，私たちのニーズは非合理的であったり刹那的であったりすることもある。例えば，まだ十分に着られる洋服があるのに新しい洋服が欲

しくなってしまったり，健康に良くないと知りつつも暴飲暴食してしまったりする。こうした短期的・即時的なニーズに応え，顧客を短期的に満足させることは比較的容易であろう。しかし，そのようなマーケティングが長期的・社会的な観点から望ましいものでないことは明らかである。顧客ニーズの充足に注力することは重要だが，その際，個人的・短期的ニーズだけでなく，長期的・社会的ニーズも考慮しなければならないのである。なお，長期的・社会的ニーズに配慮したマーケティングはソーシャル・マーケティングと呼ばれている。これについては第15章で解説する。

(2) 利益志向性

　顧客ニーズの充足を目指すことは重要であるが，それはあくまでも利益を確保できるような方法で行われなければならないという考え方である。高品質な製品を低価格で提供することを考えれば分かるように，利益を度外視して顧客を満足させることは容易である。しかし，それで利益が確保できなければ企業は存続・成長することができない。

　営利組織である企業が利益の確保を忘れることなどないように思われるかもしれないが，現実には目先の売上にとらわれて採算度外視の販売が行われることも少なくない。市場シェアの過度の重視，厳しい販売ノルマ，激しい競争圧力など，利益を忘れさせる要因はさまざまである。低価格販売を特徴とする総合スーパー，家電量販店，外食チェーンなどの大手企業が減益に苦しむのは，利益志向の欠如が原因かもしれない。

　このように考えると，マーケティングとは顧客の利益と企業の利益を両立させることとも言えるだろう。しかし，これは容易な課題ではない。顧客が買い手であり企業が売り手である以上，両者の利害は常に対立している。買い手は少しでも安く買いたいのに対し，売り手は少しでも高

く売りたいと考えるためである。この両者が満足できる売買を実現するという困難な課題に取り組むのがマーケティングなのである。

(3) 統合性

　顧客と企業の利益の同時実現という困難な課題を解決するための方法に関する考え方が統合性である。この統合性には2つの次元がある。1つはマーケティング諸活動の統合である。マーケティング諸活動には，製品のデザイン，機能，品質の決定やブランドの設定，販売価格や販売方法の決定，さらには製品や販売方法についての情報提供などのさまざまな活動が含まれる。こうした諸活動は，製品企画部門，営業部門，広告・宣伝部門など，複数の部門で分担されることが多いが，これらが個別の目標に向けてバラバラに行われるのではなく，特定の顧客ニーズの充足という共通の目的に向けて統合的に行われなければならないということである。

　統合性のもう1つの次元は，マーケティング諸活動だけでなく，経営諸活動全体がマーケティングを中心に統合されなければならないという考え方である。顧客ニーズを満たす製品やサービスの提供は，先ほど述べた製品企画や販売に直接関わる部門だけで実現できるものではない。顧客ニーズを満たす製品を開発したり，低コストで生産したりするためには，研究開発，調達，製造といった部門の協力が欠かせない。また，営業活動や広告企画・制作に適した人材を確保するためには人事部門の協力も必要である。このように，マーケティングに直接関わる部門だけでなく，企業のすべての部門が顧客ニーズの充足が利益確保の条件であるというマーケティング・コンセプトを理解することが必要だということである。全社員がマーケティングの重要性を理解し，顧客ニーズの把握と充足に取り組む企業はマーケティング・カンパニーと呼ばれる。

4. マーケティング・マネジメント

　顧客志向性・利益志向性・統合性という基本的なマーケティングの考え方は重要であるが，それが実際に実現されなければ絵に描いた餅になってしまう。このマーケティング・コンセプトを具現化するのがマーケティング・マネジメントである。マーケティング・マネジメントとは，マーケティングを計画し，実行し，統制することである。つまり，マーケティングについて，いわゆる「PDS（plan-do-see）サイクル」あるいは「PDCA（plan-do-check-action）サイクル」を回すということである。その具体的な内容は〔図表 1-2〕のように表される。

　本書では，マーケティング・マネジメント・プロセスのうち，その出発点である計画の段階に焦点を当てている。具体的には，マーケティング環境の分析について，第 4 章でマーケティング環境を構成する要因と主要な分析ツールを説明した後，とりわけ重要なマーケティング環境要因である市場環境の理解に欠かせない消費者行動について第 5 章と第 6

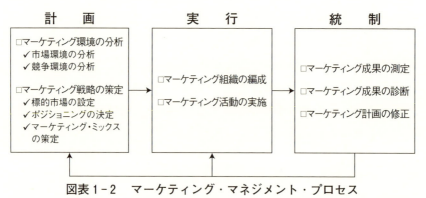

図表 1-2　マーケティング・マネジメント・プロセス

（出所：宮澤（1995），pp. 24-46，Kotler and Keller（2006），訳書，p. 55，図 2-4，p. 65，図 2-7 を参考に筆者作成。）

章で解説する。

　マーケティング戦略の策定については，その全体像と標的市場の設定およびポジショニングの決定を第3章で解説し，第8章から第12章でマーケティング・ミックスの要素を個別に取り上げている。

5. マーケティングの適用領域の拡大

　マーケティングは当初，消費財メーカーの活動として登場してきたが，その後，サービス業者や産業財メーカー（BtoB（business to business）企業），さらには政党や地方自治体，大学や病院といった非営利組織の活動にも適用されるようになっている。それに伴って，研究においてもサービス・マーケティング，BtoBマーケティング，公共・非営利マーケティングといった専門的な研究領域も生み出されてきた。

　こうしたマーケティングの主体の拡張に伴い，マーケティングの対象（マーケティングされるもの）も製品やサービスだけなく，人（政治家や芸能人など），場所（観光地や工業団地，イベント開催地など），アイディア（動物保護，禁煙，被災地支援など）などを含む市場提供物（market offerings）という概念に拡張された。もはや，マーケティングは単に「ある販売の形態・方法」にとどまらず，相手から望ましい反応を引き出すための活動・方法となっている。ただし，このように拡張された場合でも，マーケティング発想の基本は変わらない。望ましい反応を相手から引き出すために必要なのは，相手のニーズを充足するものの提供である。ここに，これらの新しい領域にマーケティングを拡張する意義がある。例えば，喫煙者に禁煙をさせるために，従来であれば，喫煙の害を説いて我慢させるというのが一般的な方法だったであろう。これに対して，マーケティング発想でアプローチする，つまり禁煙というアイディアのマーケティングであれば，喫煙者にとって価値ある禁煙

のメリットを探し出し,提案することを目指すだろう。「不要なものを無理に買わせる」のではなく,「進んで買いたくなる仕組みをつくる」マーケティングだからこそ,従来「強制」に頼ってきた問題にとって新しい解決策となる可能性を秘めているのである。

研究課題

1) ヒット商品を取り上げ,それがどのような顧客ニーズを満たしているかを考えてみよう。
2) 支払者,購買者,使用者が異なる状況を想定して,それぞれのニーズの違いを考えてみよう。

参考文献

- 上原進彦 (1999),『マーケティング戦略論』有斐閣。
- 小川孔輔 (2009),『マーケティング入門』日本経済新聞社。
- 恩藏直人 (2004),『マーケティング』日経文庫。
- 恩藏直人 (2007),『コモディティ化市場のマーケティング論理』有斐閣。
- 嶋口充輝 (1994),『顧客満足型マーケティングの構図』有斐閣。
- 田内幸一 (1985),『マーケティング』日経文庫。
- 宮澤永光 (1995),『基本マーケティング』白桃書房。
- Drucker, P. F. (1954), *The Practice of Management*, Harper & Row(上田惇生訳 (1996),『[新訳] 現代の経営(上)第2版』ダイヤモンド社)。
- Kotler, P. and K. L. Keller (2006), *Marketing Management*, 12th ed., Prentice-Hall(恩藏直人監修・月谷真紀訳 (2008),『コトラー&ケラーのマーケティング・マネジメント (12版)』ピアソン・エデュケーション)。

2 | 顧客価値と顧客満足

平木いくみ

《目標＆ポイント》 顧客価値を創造し，顧客満足を生み出し続けることこそ，企業の持続的成長を実現する鍵である。本章では，顧客価値と顧客満足の概念についての理解を深めていく。
《キーワード》 顧客価値，顧客満足，顧客ロイヤルティ，顧客生涯価値，顧客シェア，カスタマー・エクイティ

第1章で学んだように，マーケティングとは売れる仕組みを構築することによって，企業の持続的成長を実現する活動のことである。具体的には，自社の製品やサービスに，他社の製品やサービスにはない価値を創造し，顧客を満足させることによって，顧客との間に良好な関係を実現していこうとする取り組みと言い換えることができる。しかし，かつてない厳しい競争に直面している企業にとって，顧客価値と顧客満足を生み出し続けることは決して容易なことではない。本章では両概念への理解を深めるとともに，結果として企業にもたらされる顧客生涯価値やカスタマー・エクイティの概念について理解していこう。

1. マーケティングにおける顧客価値と顧客満足

膨大な種類の製品とブランド，価格，流通業者の選択肢を目の前にしている今日の顧客は，どのような選択肢に価値を見出し，満足し，次回購買へと至っているのだろうか。マーケティングにおける顧客価値と顧客満足，その後に続く行動との関係を把握することから始めよう〔図表

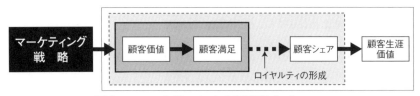

図表2-1　企業における価値形成プロセス

(筆者作成)

2-1〕。

　企業のマーケティング戦略は，自社の製品やサービスが顧客に優れた価値を提供するだけでなく，他社のそれよりも優れていると消費者に知覚させるために設計されている。マーケティング戦略の成功により，顧客が製品に対して認めた価値，すなわち**顧客価値**（customer value; CV）が生み出され，さらに高い顧客価値の実現は**顧客満足**（customer satisfaction; CS）を生み出す。この顧客満足の経験が次回購買のベースとなり，その時のマーケティング戦略と相まって，当該製品に対する顧客価値を知覚させ，顧客満足を更新していく。顧客価値と顧客満足の形成が一回だけでなく，複数回繰り返され，当該製品に対する一定の態度や行動傾向として表れたものが**ロイヤルティ**である。製品や店舗の特定ブランドに対する好ましい態度や，当該ブランドを繰り返し購買（利用）する行為はブランド・ロイヤルティ（brand loyalty）と呼ばれている。

　ロイヤルティの形成は，顧客が当該カテゴリーにおいて自社ブランドを利用する可能性を高めていることを意味している。ある顧客の特定カテゴリーの利用や消費において，自社ブランドが占める割合のことを**顧客シェア**という。例えば，ある顧客が飛行機を利用する場合，10回のうち6回はA社の飛行機を利用するのであればA社の顧客シェアは60％となり，A社しか利用しないのであれば100％となる。航空会社は旅行

における顧客シェアを高め，レストランは外食における顧客シェアを高めるためにマーケティング活動を実施しているのである。

　顧客シェアは企業による継続的な顧客価値と顧客満足の実現によって高められていく。長年の努力の結果，当該カテゴリーにおける自社製品に対する顧客シェアが高められていくことで，企業は中長期的に当該顧客から大きな価値を得ることができる。1人の顧客が生涯にわたり自社にもたらしてくれるだろう価値は**顧客生涯価値**（customer lifetime value; CLV）と呼ばれる。企業は，一人ひとりの顧客が高い生涯価値をもたらすようにマーケティング活動を設計していかなければならない。その基本単位がロイヤルティ獲得のために取引ごとに展開される顧客価値と顧客満足の創造活動である。ゆえに，売れる仕組みづくりの出発点は，両概念への深い理解にあると言えるだろう。

2. 顧客価値

(1) 顧客価値の理解

　企業の提供物に対して顧客が認める価値のことを顧客価値，もしくは顧客知覚価値という。企業がいかにこだわりを持って開発した製品であっても，その価値が顧客に知覚され，受容されなければ顧客価値は生み出されない。企業による優れた顧客価値の提供は顧客満足に影響を与え，顧客がその製品を再び購入するかどうかを左右する。

　では，どのようにして顧客価値は生み出されるのだろうか。P. コトラー教授によれば，顧客価値は単純明快な式によって説明できるという。

$$顧客価値 = \frac{総知覚ベネフィット}{総知覚コスト}$$

　式に示されているように，顧客価値は顧客が製品やサービスから得る

すべての知覚ベネフィットと，顧客が製品やサービスを入手するうえで払う犠牲を意味するすべての知覚コストとの比によって求めることができる。総知覚ベネフィットとは機能的ベネフィット，情緒的ベネフィット，経験的ベネフィット，文脈的ベネフィット，社会的ベネフィットなど，特定の製品やサービスに対して顧客が期待するベネフィットの総計である。一方，総知覚コストとは金銭的コスト，時間的コスト，身体的コスト，心理的コストなど，顧客が製品やサービスを購入しようとする一連の流れの中で発生が予測されるコストの総計である。限られた予算，時間，知識の中で最も価値ある提供物を選ぼうとする顧客は，製品獲得に要するすべてのベネフィットとコストとの比を計算し，代替品との比較において最大の価値を知覚する製品を選択する。

　企業が顧客価値を高める方法は3つある。1つは，金銭的コストを引き下げる方法である。値引きやクーポン等の価格プロモーションは金銭的コストを引き下げることで分母を小さくし，分子のベネフィットが一定であっても顧客価値は高くなる。2つめは，非金銭的コストを引き下げる方法である。インターネット通販は，実店舗の買物に要する時間的コストや身体的コストを大幅に減少させるため，分子のベネフィットが一定であっても顧客価値は高くなる。3つめは，いくつかのベネフィットを高める方法である。機能の追加や高度化，付随サービスの充実，イベントやサポートを通した経験価値の提供によって，総知覚ベネフィットを高めることができる。実店舗では，ネット上では得られない経験の提供を重視することによって，店舗ロイヤルティの獲得に力を注いでいる。

　顧客価値の枠組みは，顧客によって捉え方が大きく変わってくる。インターネット通販は若年層にとっては心理的コストが低くても，高齢者にとっては心理的コストが高くなる。またある企業が革新性に優れた製

品を開発しても，顧客は行きすぎた機能性に意味のある価値を知覚しないかもしれない。

（2） さまざまな知覚ベネフィット

製品間の実質的な違いを顧客が知覚できない状況をコモディティ化という。今日，その様相は多くの市場においてますます強まる傾向にある。機能的ベネフィットは顧客価値の最も基本的で重要な構成要素である一方，もはやあらゆる製品の必要条件となってしまっているのである。企業は，機能的ベネフィットの優位性を際立たせるために，その他のベネフィットにも注目するようになってきている。ここでは，企業が優れた顧客価値を実現する方法への示唆を得るために，さまざまなベネフィットを検討していこう〔図表2-2〕。

① 機能的ベネフィット

製品が備えている本質的な性能や品質に基づくベネフィットが機能的

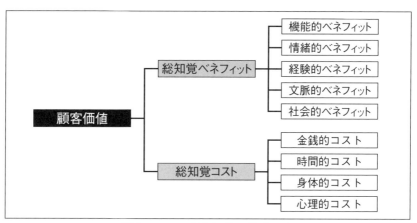

図表2-2　顧客価値の構成要素
（出所：Kotler and Keller（2006），訳書 p.173，図5-2を参考に筆者作成）

ベネフィットである。ソーラー発電による腕時計や少量・コンパクトで高い洗浄力を実現する家庭用洗剤等，多くの製品は機能の高度化や部分的な改良，風味やサイズの追加によって顧客価値を実現してきた。しかし機能的ベネフィットは客観的な基準で評価や優劣の判断がされやすいため，競合他社から模倣されやすい。今日のコモディティ化の多くは機能的ベネフィットに依存した製品において生じている。「iPad」のように優れた機能的ベネフィットによって消費者の支持を得るためには，技術的なイノベーションが必要である。

② 情緒的ベネフィット

製品の機能的ベネフィットとは別に，顧客の感情や感性に訴えるベネフィットである。移動や運搬といった機能的ベネフィットを実現する自動車に，デザイン性やステータス性といった情緒的ベネフィットが加わることで，顧客はより高い価値を感じるようになる。多くの場合，情緒的ベネフィットは客観的な基準での評価や優劣の判断が難しい。例えば，自動車の燃費は10km/lよりも12km/lの方が優れていると客観的に判断できるが，四角ばった自動車よりも丸みを帯びた自動車の方がデザインが客観的に優れているとは言えない（原田・三浦 2010, pp.295）。そのため，企業が情緒的ベネフィットを知覚させるための方法は多様に存在する。例えば，ブランドの世界観を伝えたり，消費者の五感（視覚，聴覚，嗅覚，触覚，味覚）を刺激して感覚的ベネフィットを付加したりできる。「アップル」のりんごのマークやデザインに感じる楽しさやお洒落な感覚，「コカ・コーラ」の形状に感じる愛着や歴史，「ハーレーダビッドソン」のエンジン音に感じるワイルド感は，顧客の心の中で他ブランドにはないユニークなベネフィットを実現している。

③ 経験的ベネフィット

機能的ベネフィットや情緒的ベネフィットが製品自体から得られるの

に対し，**経験的ベネフィット**は製品やサービスを使用したり消費したりする経験から得られる。現在の消費者は刺激を受けるコト，癒されるコト，特別感を味わうコトなど，企業が提供する製品自体（モノ）よりも，経験（コト）に価値を認める傾向がある。経験は顧客の精神面への働きかけに対して生じるものであり，極めて個人的な価値を創出する。さらに映画での感動やスポーツ観戦での熱狂といった経験から得られる価値は，顧客の記憶に残りやすいという特性を持つ。それゆえ，製品やサービスを消費する経験に注目することは，他社の製品やサービスとの差別化手段となり得るのである。あるコーヒーチェーンでは，家庭や職場にはない非日常的な空間の提供を通して，自社のコーヒーに特別な価値の知覚を実現している。同様に，各フロアの香りを使い分け楽しい買物経験を提供する百貨店，機内の刺激を統一し，顧客に非日常体験を演出する航空会社は，経験を通して自社ブランドにユニークなベネフィットを付加し，顧客の記憶に刻み込み，他ブランドとの間に違いを感じさせている。

④ 文脈的ベネフィット

その時の文脈に依存して生み出されるベネフィットを**文脈的ベネフィット**という。テイクアウトの食材をそのままの容器で食べる場合と，陶器のお皿に移し替えて食べる場合とを想像してみてほしい。どちらの方がおいしく感じるかは言うまでもないだろう。同様に，同じ食事であっても，1人より家族や友人たちと食べた方がおいしく感じたり，同伴者が誰かによって買物の充実感がまったく異なったりすることもあるのではなかろうか。好ましい文脈はその時の経験を豊かにすることによって，製品やサービスの価値を高め，顧客の記憶に残る可能性を高めてくれる。しかし，製品やサービスの消費時に顧客が取る行動に依存して生み出される文脈的ベネフィットは，企業にとって容易に実現できる

わけではない。企業は，製品使用時に顧客自らが価値を生み出す文脈をつくり出せるよう顧客を教育したり，販売後のサポートを充実したりする必要があるからである。あるスポーツ用品メーカーは，競技本番での成功体験をサポートするために，大人向けのマラソン教室や子供向けの陸上教室を開催している。またある食品メーカーは，自社製品が家族との楽しい食卓を実現できるように，献立から器の選び方に至る演出方法を教える料理教室を開催している。

⑤ 社会的ベネフィット

社会的利益を考慮した企業の取り組みから生まれるベネフィットを，社会的ベネフィットと言う。社会的ベネフィットは製造工程におけるCO_2排出削減や植林活動といった企業主体の取り組みから，エコバック持参運動や環境フェスタへの参加といった顧客参加型の取り組みまでさまざまな形で創出される。最近では，クリーン・エネルギーや燃費効率を追求するエコカー，再生資源を利用した製品など，ブランドの一部に社会的ベネフィットが組み込まれた製品が，顧客から支持を集めるようになってきている。企業はCSR（corporate social responsibility）部門を通して，自社が生み出す社会的ベネフィットを積極的に発信することが，自社ブランドの好ましいポジショニング形成に寄与することに気づき始めている。

一方，社会的ベネフィットの実現は企業の利益と相反する結果を導く場合もある。排気ガスやガソリン消費の抑制を重視する自動車は，馬力やスピードなどの走行性能を求める顧客の支持を失う可能性がある。また製品の耐久性の追求は，消費者の買い替え，買い増し需要を抑制する可能性がある。

3. 顧客満足

(1) 顧客満足の概念

　製品やサービスを通して顧客価値を実現し顧客を喜ばせることができたなら，企業は顧客から満足を得ることができる。顧客満足は，1人の顧客を複数の企業が奪い合う成熟市場においては，特に重要な概念である。自社製品に引きつけられた顧客から満足を獲得することこそが，次回購買を促し，当該企業との継続的取引を実現するスタートとなるからである。もし仮に，顧客を完全に満足させることができれば，その顧客は企業を信頼し，競合他社へスイッチしにくくなり，高い確率で自社製品を再購入してくれるようになる。また，価格へのこだわりが少なかったり，製品やサービスについて企業にアイディアを提供してくれたり，企業について好意的な口コミを流したりしてくれる可能性も高くなるという。しかし，「完全に」，もしくは非常に高いレベルで顧客を満足させなければ，企業はこのようなメリットを享受することはできない。米国ゼロックス社が実施している顧客満足度調査によると，ゼロックス製品に対して「完全に満足している」顧客と「満足している」顧客とでは，購入後18か月間における再購買率に6倍もの違いがあるという事実が明らかになっている（Kotler and Keller 2006, 訳書 p.180）。ただ「満足している」だけでは，魅力的な代替品があれば顧客は簡単に競合他社へスイッチしてしまうことを示している。

　このような状況は，消費者が製品の品質面の差異を知覚できないほど，あらゆる企業の技術水準が高度化していることが背景にある。今日の顧客は，他ブランドへスイッチする際のリスクが小さいばかりか，品質面で大差ない多くのブランドからの魅力的なインセンティブに日々さらされている。企業にとって，自社の製品やサービスによって顧客を満足さ

せ続けることは,非常にハードルの高い課題となっているのである。

(2) 顧客満足の理論

　顧客満足はどのように生み出されるのだろうか。これまで多くの顧客満足研究で採用されてきた理論が期待 - 不一致理論である（Oliver 1980）。期待とは，製品やサービスを経験する前に，それらから得られるであろう価値に対する予測であり，パフォーマンスとは，それらを経験した後の製品やサービスに対する評価である。同理論によると，顧客満足は顧客が実際に経験したパフォーマンスが，購買前に有する期待を上回るか下回るかによって規定される〔図表 2-3〕。期待とパフォーマンスが一致していれば顧客は満足し，期待を上回れば顧客は非常に満足し（正の不一致），期待を下回れば顧客は不満を感じ（負の不一致），購入の中止を決定する。

　期待 - 不一致理論に従うと，企業は過度なプロモーションによって事前の期待を高め過ぎると，かなりのパフォーマンスを提供しない限り顧客を失うことになる。逆に，期待が小さすぎると，ほどほどのパフォーマンスで顧客は満足するかもしれないが，十分な買い手を引きつけられない可能性がある。期待は，企業からのプロモーションの他に，知人か

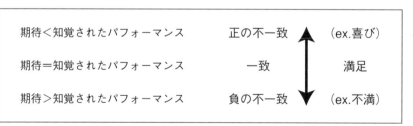

図表 2-3　期待 - 不一致理論に基づく顧客満足

（出所：奥瀬（2008），p.56 図表 2 を参考に作成。）

らの紹介，過去の購入経験，口コミ等によっても形成される。企業は期待を生み出す要因をうまくコントロールして適度な期待をつくり出すと同時に，期待に見合う適切なパフォーマンスを実現していかなければならない。しかし顧客満足の実現は，次回購買における顧客の期待値を上げてしまう点には注意が必要である。常に同一水準のパフォーマンスを提供するだけでは，取引継続による期待値の上昇によって，いずれ顧客は当該製品に満足しなくなる。顧客を「完全に」満足させ続けるためには，顧客に期待以上の価値を提供し続ける仕組みが必要なのである。

(3) 顧客ロイヤルティ

　顧客ロイヤルティとは，特定の製品や店舗に対する好ましい態度や購買が繰り返される状態を表しており，企業が顧客を維持するうえでの指標となる概念である。しかし，必ずしもロイヤルティ形成の前提に顧客満足があるわけではない点には注意が必要である。

　〔図表2-4〕は，対象への態度と行動によって顧客ロイヤルティを分類したものである。自社ブランドへの反復購買が見られるだけでなく，それらブランドに好ましい態度が伴っているロイヤルティが「真のロイ

自社ブランドへの好意的態度

		高	低
自社ブランドの反復購買	高	真のロイヤルティ	見せかけのロイヤルティ
	低	潜在的ロイヤルティ	ロイヤルティなし

図表2-4　顧客ロイヤルティ
（出所：Dick and Basu（1994），p.101を参考に作成）

ヤルティ」である。態度と行動が一貫しているロイヤルティは、まさに経験した対象への満足から導かれるロイヤルティであり、企業が顧客を維持するうえで目標とする状態である。しかし、なかにはブランドへの好意的な態度は有しているものの、顧客の行動が伴わない場合がある。いつかはそのブランドを購入したいと憧れてはいるものの、経済的理由で手が届かないような状態などが該当する。状況が改善されれば、当該ブランドの顧客になる可能性があるため、「潜在的ロイヤルティ」と呼ばれている。

　一方、特定の製品や店舗を繰り返し利用（購入）しているにもかかわらず、当該ブランドへの好ましい態度は伴っていない場合がある。予算や地域的な理由によって仕方なくそのブランドを購入していたり、ポイントなどの金銭的利得のみにひかれて利用を繰り返したりするケースなどが該当する。表面上はロイヤルに見える顧客でも、よりお得な選択肢が提示されたり、金銭的サービスが終了したりした瞬間、いとも簡単に当該ブランドを離れる可能性がある。そのため、「見せかけのロイヤルティ」と呼ばれている。

　今日の成熟市場において、顧客を維持することは企業における最重要課題の1つである。とりわけ真のロイヤルティ形成を目指す企業にとっては、ひとつひとつの取引において顧客満足を実現していくことの重要性が一層高くなってくる。顧客満足から顧客ロイヤルティといった顧客との長期継続的な取引を実現していく企業の取り組みは、リレーションシップ・マーケティングと呼ばれている。

（4）顧客満足の測定

　顧客満足を把握する最もオーソドックスな方法は、製品やサービスを利用した顧客にアンケートを実施して、当該製品の満足度を評価しても

らう方法である。最近では，顧客の満足度や満足の形成要因を数値化して把握するための日本版顧客満足度指数（the Japanese Customer Satisfaction Index; JCSI）が開発されており（米国版顧客満足度指数（ACSI）をもとに開発されている），さまざまな満足度調査に活用されている。

　賢明な企業は，満足を高めることばかりに集中せず，不満を有する顧客への対応も重視している。とりわけ，近年のインターネットの普及によって，悪い口コミがすぐさま拡散してしまう状況が生まれている。不満を持つ顧客は満足している顧客よりもその内容を他人に話す傾向がある。彼らを放置しておくことは，当該企業の潜在顧客を失う可能性も秘めているのである。しかしながら，ある研究によると，不満を感じた96％もの顧客が何も言わず当該製品の購入をやめてしまうという（Kotler and Keller 2006, 訳書 pp.194）。企業は，顧客が不満を伝えやすいシステムを構築することによって，彼らの不満をとりこぼさないよう工夫すべきである。多くの企業はすでにお客様相談室の設置，フリーダイヤルやメールアドレスの表示，専用ホームページの開設などに力を注いでいる。

4．カスタマー・エクイティ

　顧客の離反は，企業がその顧客から生涯にわたり得られるはずであった一連の価値を失うことを意味している。このライフ・サイクルの全期間で顧客が企業にもたらすであろう価値の総計を，現在価格に換算した場合の価値が顧客生涯価値である。具体的には，期間中に顧客が自社にもたらす期待収益と，企業が顧客を獲得し維持しサービスを提供していく過程でかかるコストとの差額によって算出される。既述のとおり，企業が個々人の顧客から高い生涯価値を獲得するためには，当該カテゴ

リーの利用や消費における自社ブランドのシェア，つまり顧客シェアを高めていく必要がある。航空会社であれば旅行における顧客シェアを高めていかなければならないのである。

　顧客シェアは，企業による継続的な顧客価値と顧客満足の提供を通して自社ブランドへのロイヤルティが形成され，高められていくものであり，結果として高い生涯価値へとつながっていく。こうした一人ひとりの既存顧客がもたらす生涯価値に，潜在顧客がもたらす生涯価値を含めた企業の全顧客の生涯価値を総計したものがカスタマー・エクイティ（customer equity）である。カスタマー・エクイティは，企業が有する顧客の将来価値の指標であり，継続的なマーケティング活動がもたらす将来の成果を示唆している。企業は大きなカスタマー・エクイティを得るために，一人ひとりの顧客との間に長期にわたり良好な関係を維持し続けるための仕組みの構築に力を注いでいる。リレーションシップ・マーケティングと呼ばれるこの取り組みについては14章で詳しく説明していこう。

研究課題

1）あなたにとって優れた顧客価値を実現している製品やサービスを取り上げて，知覚ベネフィットと知覚コストの観点から分析してみよう。
2）企業のウェブサイトを確認し，顧客満足を高めるためのさまざまな取り組みを調べてみよう。

参考文献

- Dick, A. S. and Kunal B. (1994), "Customer Loyalty : Toward an Integrated Conceptual Framework," *Journal of the Academy of Marketing Science*, Vol.22, No.2, pp.99-113.
- 原田保・三浦俊彦 (2010), 『ブランドデザイン戦略』芙蓉書房出版。
- Kotler, P. and K. L. Keller (2006), *Marketing Management*, 12th ed., Prentice-Hall (恩藏直人監修・月谷真紀訳 (2014), 『コトラー&ケラーのマーケティング・マネジメント (12版)』丸善出版).
- 久保田進彦, 澁谷覚, 須永努 (2013), 『はじめてのマーケティング』有斐閣ストゥディア。
- 奥瀬喜之 (2008), 「顧客満足概念とその測定に関わる研究の系譜」専修商学論集, 第88号, pp.55-59。
- Oliver, R. L. (1980), "A Cognitive Model of the Antecedents and Consequences of Satisfaction Decisions," *Journal of Marketing Research*, Vol.17, No.2, pp.460-469.
- 恩藏直人 (2007), 『コモディティ化市場のマーケティング論理』有斐閣。
- 嶋口充輝 (1994), 『顧客満足型マーケティングの構図』有斐閣。

3 | マーケティング戦略の構図

芳賀康浩

《目標&ポイント》 マーケティング目標を達成するための基本計画がマーケティング戦略である。本章では，このマーケティング戦略を策定するためにはどのような意思決定をどのような手順で行う必要があるかについて解説する。
《キーワード》 マーケティング戦略，マーケティング・ミックス，セグメンテーション，ターゲティング，ポジショニング

　「売れる仕組み」としてのマーケティングの基本課題を一言で言うならば，「誰に」「何を」「どうやって」販売するかということである。こうした課題に答えを出すために必要な検討事項を，マーケティング戦略の枠組みに照らして説明していこう。

1. マーケティング戦略とは

　マーケティング戦略について考えるにあたり，まず「戦略」という概念について考えてみよう。経営学やマーケティング論における戦略はよくスポーツにおけるゲームプランに例えられる。サッカーの試合を思い浮かべてみよう。サッカーの試合では，試合に勝利することが「目標」であり，この目標を達成するための「手段」として，監督は先発出場選手やフォーメーションなどを決定しなければならないだろう。この手段にはいくつかの選択肢があるが，その中から最善のものを選ばなければならない。この数ある選択肢の中で，何が最善かは，相手チームの特徴

や試合が行われるグラウンドのコンディション,試合当日の天候など,試合が行われる「状況」によって変わってくるだろう。この,勝利という目標のために,試合が行われる状況に照らして決定された手段の組み合わせこそがゲームプラン,すなわち戦略である〔図表3-1〕。

　マーケティングにおいても,その実施にあたっては,売上,市場シェア,利益率などについて目標が設定される。その目標を達成するためには,顧客のニーズや競合他社の動き,景気動向や自然環境の変化など,マーケティングが行われる状況を考慮しなければならない。そのうえで,どのような製品・サービスをどのように販売するかという具体的な手段を決定しなければならない。例えば,「食の安全性を重視する消費者が増えているから（状況）,多少高価格でも有機栽培の原材料のみを使った食品を生産・販売すれば（手段）,我が社の売上を10％増加させることができる（目標）」といったように,手段,状況,目標を論理的に関連づけるシナリオがマーケティング戦略である（浅羽 2004, p. 9；伊丹 2003, pp. 2-4；伊丹・加護野 1989, pp. 29-30；金井 2006, p. 14）。

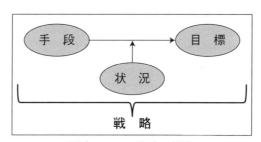

図表3-1　戦略の概念

（筆者作成）

2. マーケティング・ミックス

　企業はマーケティング目標達成のための手段として，どのような製品・サービスを，いつ，どこで販売するのか，どのような広告宣伝を行うのかを決定しなければならない。このように，企業が決定（コントロール）できる要素の組み合わせをマーケティング・ミックスという。マーケティング・ミックスの要素は多様であるが，製品 (product)，価格 (price)，流通 (place)，プロモーション (promotion) の4つのPで整理すると分かりやすい。各要素の内容については第8章から第12章で詳述するが，それぞれの内容を簡単に示しておこう。

　製品は，どのような製品をどのくらい提供するかという課題に関連している。これには，顧客に提供するベネフィット，品質水準，機能，デザイン，ブランドといった個々の製品に関する決定も含まれる。

　価格に関しては，標準的な販売価格，学割や航空券の早割のような割引価格に加え，クレジットなどの支払い条件について決定しなければならない。

　流通においては，製品を販売する小売店舗を確保したり，そこまでの販売経路を構築しなければならない。また，インターネットやカタログを通じた通信販売の検討も必要だろう。さらに，製品の輸送や保管といった物流も含まれる。

　プロモーションは，製品の存在や魅力を伝え，購買意欲を刺激するためのコミュニケーションに関わっており，広告，人的販売（販売員の活動），セールス・プロモーション (sales promotion; SP)，パブリシティなどについて決定される。

　以上の4つのPに含まれるさまざまな要素を「適切に」組み合わせたものがマーケティング・ミックスである。では，どのような組み合わ

せが適切なのだろうか。先に述べたとおり，一定のマーケティング目標を達成するのに最適な手段の組み合わせは状況によって決まる。マーケティングが行われる状況のうち，マーケティングの活動や成果に影響を及ぼす諸要因をマーケティング環境と呼ぶ。マーケティング環境については第4章で解説するが，顧客志向がマーケティングの出発点となる中心理念であることから考えれば，最も重要な要因は顧客およびそのニーズである。マーケティング・ミックス要素のそれぞれが，顧客ニーズに適合していることが，適切な組み合わせであるための必要条件である。したがって，最適なマーケティング・ミックスを組み立てるには，それに先立って企業が満たすべき顧客のニーズが決定していなければならない。つまり，「誰に」「何を」「どうやって」というマーケティングの基本課題のうち，「何を」「どうやって」に対する答えをマーケティング・ミックスによって示すためには，「誰に」が確定していなければならないということである。そのために必要な手続きがセグメンテーションとターゲティングである。

3. セグメンテーション

　歯磨き粉やシャンプーなどを見てみると，1つの企業がさまざまなタイプの製品を販売していることが分かる。これは，製品に対するニーズの多様性を反映している。我が国では，1980年代の中頃からニーズの多様化が指摘されるようになった。ニーズの多様化にはいくつかの次元がある（田村 1989, pp. 44-46）。まず，人によってニーズが異なるという消費者間多様化（個性化）である。例えば，性別，年齢，職業，収入などがほぼ同じ男子大学生であっても，ファッションや飲食に対するニーズはさまざまであろう。

　また，TPOによってある人の同一製品に対するニーズが変化するこ

とがある。ビジネスで会食するとき，自宅で一人でくつろぐとき，友人との飲み会といった場面に応じてビールのブランドを使い分けるような場合である。これはニーズの消費者内多様化（多角化）という現象である。

さらに，ある製品について好むブランドや品目が短期間で変化するのは，ニーズの時間的多様化（短サイクル化）である。日用的な飲食料品において，いわゆる「マイブーム」が次々と生じるような場合である。

このように多様化したニーズの全てを1つの製品で満たすことは困難である。企業は誰のどのようなニーズを満たすべきかを選択しなければならないが，そのためには，まずどのようなニーズが存在するのかを明らかにしなければならない。例えば，シャンプーに対するニーズとしては，傷んだ髪の補修機能，さらっとした仕上がり，洗った後の香り，育毛効果などがあるだろう。セグメンテーション（market segmentation；市場細分化）とは，市場に存在する多様なニーズを識別し，同質的なニーズを有するセグメントに市場を細分化することである。この細分化の基準（切り口）にはさまざまなものがある。よく用いられるセグメンテーション基準には次のものがある。

①地理的変数…地域（関東／関西，日本海側／太平洋側など），都市規模など。
②人口統計学的変数（デモグラフィクス）…年齢，性別，所得，職業，学歴など。
③心理的変数（サイコグラフィクス）…ライフスタイル，性格など。
④行動的変数…使用経験，使用頻度（ライトユーザー／ヘビーユーザー）など。

重要なことは，こうした基準を適切に組み合わせることによって，マーケティング・ミックスに対する反応が同一の消費者グループを識別

することである。

4．ターゲティング

　セグメンテーションによって，市場をいくつかのセグメントに細分化できたら，そのうちのどのセグメントをターゲットにするかを決定しなければならない。これが**ターゲティング**（targeting；標的市場設定）であり，企業が満たすべきニーズの選択を意味している。

　ターゲットとするセグメントを決めるためには，まず識別されたセグメントを評価しなければならない。セグメントの評価基準としては次の3つが重要である（Kotler and Keller 2006, 訳書 p. 327）。

①セグメントの魅力…規模，成長性，収益性など。

②企業の目的…企業の理念，使命との適合度。

③企業の資源…当該セグメントにアプローチするのに必要な経営資源を有しているかどうか。

　これらの基準に照らしてセグメントを評価したうえで，ターゲット・セグメントを選択することになるが，その選択のパターンは大きく3つに大別される。

　1つめは**無差別型マーケティング**と呼ばれるもので，複数のセグメントを選び出して，それらに同時に受け入れられる最大公約数的なマーケティング・ミックスでアプローチするものである〔図表3-2(a)〕。これをすべてのセグメントに対して適用したものは**マス・マーケティング**と呼ばれる〔図表3-2(b)〕。ニーズの異なるセグメントにも共通点は存在する。例えば，低価格は多くのセグメントに共通するニーズだろう。低価格を好むという類似点に注目し，低価格訴求による大量生産・大量販売を目指すのが無差別型マーケティングの典型である。しかしながら，ニーズが多様化した現在，この無差別型マーケティングが十分な支持を

集めることは難しくなっている。

　2つめは，差別化型マーケティングと呼ばれるもので，複数のセグメントを選び出して，それぞれに適合した異なるマーケティング・ミックスでアプローチするものである〔図表3-2(c)〕。それぞれのセグメントからの支持を得やすく，大きな売上が期待できるというのがこのアプローチの長所である。しかし，その一方でセグメント毎に異なる製品や広告などを用意しなければならないため，コスト負担は大きい。一定水準の利益を確保するためには，各セグメントが十分な規模を持つことが必要である。なお，全てのセグメントに対して，差別化型マーケティングを適用することをフルライン戦略と呼ぶ。

　ターゲティングのもう1つのパターンは，集中型マーケティングである。これは，単一のセグメントを選び出し，それに適合したマーケティング・ミックスでアプローチするというものである〔図表3-2(d)〕。高

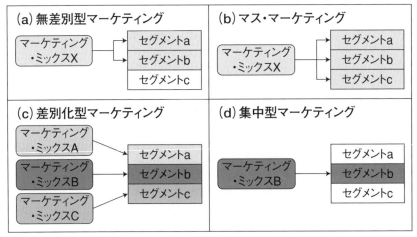

図表3-2　ターゲティングのパターン

（出所：Kotler and Armstrong (2001)，訳書 p.316を参考に筆者作成。）

級スポーツカーに特化した自動車メーカーや，学術文献専門の出版社などがこの例である。特定セグメントに集中することで，経営資源の効率的かつ効果的な利用が可能になったり，専門性に基づいて当該セグメントで高い評価を得られるといったメリットがある。経営資源に乏しい企業に適した方法であるが，単一セグメントに依存するためリスクも大きい。経営資源の蓄積に伴って複数のセグメントに展開する必要があるだろう。

5. ポジショニング

　セグメンテーションとターゲティングによって企業がマーケティングによって満たすべき顧客ニーズが決まる。企業は，この顧客ニーズを満たすことのできるマーケティング・ミックスを構築しなければならない。しかし，マーケティング・ミックスの構築に際して，この顧客ニーズを満たすことだけを考えれば良いかというと，必ずしもそれだけでは十分ではない。というのも，多くの場合，同じセグメントを狙う競合他社が存在するためである。そうであるならば，その競合他社ではなく自社が標的顧客に選ばれるようにする必要がある。他社との競争において有利な立場，つまり競争優位を確保しなければならないのである。

　競争優位を確保するためには，その大前提として自社製品と競合製品との違いが消費者に知覚されていなければならない。私たち消費者は，「A社のデジカメXは少し高価格だが，軽量・コンパクトで携帯しやすい」とか「B社の新しいお茶Yは他のお茶よりも苦味が強い」といったように，さまざまな製品をブランドごとに心の中に位置づけている。ポジショニング（positioning）とは，競合ブランドと比べた時に，消費者に心の中で自社ブランドをどのように位置づけてもらいたいかを決めることである。

ポジショニングを行うために使われるツールに，知覚マップと選好マップ，そしてそれらを組み合わせたポジショニング・マップがある。これらをスポーツ・シューズを例に仮想的に示したのが〔図表3-3〕である。知覚マップとは，消費者がさまざまなブランドをどのように評価しているかを示すものである。〔図表3-3(a)〕には，6つのブランドを消費者がどのように評価しているかが示されている。この例では，消費者はブランドAとBを機能性は低いがデザインがユニーク，ブランドD，E，Fを機能性が高いオーソドックスなデザインのスポーツ・シューズと知覚している。機能面でもデザイン面でも目立った特徴がないと思われているブランドCはおそらく低価格を特徴とするシューズであろう。

　選好マップは，ブランドの評価軸に対する消費者の重視度の分布を示したものである。〔図表3-3(b)〕にはⅠ～Ⅳまでの4つの選好のかたまりが見られる。Ⅰはデザイン重視派，Ⅱは価格重視派，Ⅲは機能性重視派，Ⅳはデザイン・機能重視派の消費者を示している。これらは，デザインと機能性でセグメテーションしたときの市場セグメントである。この選好マップからは，価格重視セグメントがかなり大きく，小さいながらもデザインと機能を両方重視するセグメントも存在していることなどが分かる。

　ポジショニング・マップは知覚マップと選好マップを重ね合わせたものである。〔図表3-3(c)〕に示されたポジショニング・マップから何が読み取れるだろうか。ブランドAはデザインを重視する消費者にとってもややデザインが奇抜であること，ブランドCは比較的大きな価格重視セグメントを独占していること，デザインと機能性の両方を重視する消費者のニーズに合致するブランドが存在しないことなどが分かるだろう。ポジショニングにおいては，このポジショニング・マップ上のど

こに自社ブランドを位置づけるのかを検討していくことになる。例えば，セグメントIIでブランドCからシェアを奪うべく自社ブランドを「低価格で使いやすいスポーツ・シューズ」とポジショニングするだとか，「ユニークなデザインの高機能シューズ」を開発してセグメントIVにア

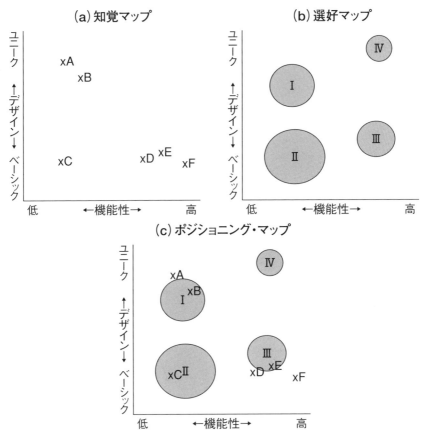

図表3-3　スポーツ・シューズの知覚マップ，選好マップ，ポジショニング・マップの例

（筆者作成）

ピールするといった代替案が得られるだろう。

　ポジショニング・マップの作成にあたり，最も重要なことは適切な軸を選ぶことである。軸には，重要な製品属性あるいはベネフィットを用いなければならない。製品属性とは，ブランド選択において消費者がその評価基準として重視するポイントである。例えば，ノート・パソコンであれば，価格，重量，サイズ，デザイン，CPUの処理速度，メモリー容量などである。これらのどの軸を用いるかによって，ポジショニングの方向性は変わってくる。さまざまな軸でポジショニング・マップを描いてみる必要があるだろう。

　ポジショニングを行うことで，自社ブランドと他社ブランドの相対的な違いが決められる。しかし，この違いは消費者に伝えられ，理解され，望ましいと思われて初めて差別化手段として有効に機能するようになる。他社ブランドとの違いを消費者が望ましいと思う条件としてKotler and Keller（2006）は次の3つの指摘をしている（訳書，p. 393）。

①重要性…消費者にとって重要な違いでなければならない。
②独自性…競合ブランドにはなく，自社ブランド特有の違いでなければならない。
③真実性…消費者が真実であり信頼できると思う違いでなければならない。

　こうした条件をすべてクリアすることは非常に難しいが，クリアすることができれば，「強いブランド力」を獲得することができる。

6. マーケティング戦略の全体像

　本章では，マーケティング・ミックス，セグメンテーション，ターゲティング，ポジショニングの順にマーケティング戦略の内容を解説してきたが，戦略立案の手順としては，マーケティング・ミックスに先立っ

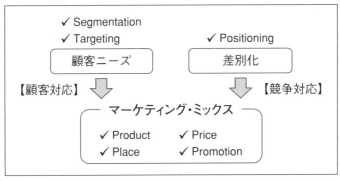

図表3-4　マーケティング戦略の全体像

（筆者作成）

て，セグメンテーション，ターゲティング，ポジショニングが行われなければならない。マーケティング目標を達成するための具体的な手段の組み合わせがマーケティング・ミックスであるが，それを「適切に」組み合わせるためには，誰のどのようなニーズを満たすべきか（顧客対応），競合他社とどのように差別化するか（競争対応）という2つの基本方針に従わなければならないためである。このマーケティング戦略の全体像は〔図表3-4〕のようにまとめられる。

研究課題

1）ノート・パソコン市場をセグメテンテーションし，いくつかのセグメントに適したマーケティング・ミックスを考えてみよう。
2）具体的なハンバーガー・ショップをいくつか取り上げ，その知覚マップを書いてみよう。

参考文献

- 浅羽茂（2004），『経営戦略の経済学』日本評論社。
- 伊丹敬之（2003），『経営戦略の論理 第3版』日本経済新聞社。
- 伊丹敬之・加護野忠男（1989），『ゼミナール経営学入門』日本経済新聞社。
- 金井一賴（2006），「経営戦略とは」大滝精一・金井一賴・山田英夫・岩田智『経営戦略〔新版〕』有斐閣，第1章所収，pp. 1-28。
- Kotler, P. and G. Armstrong (2001), *Principles of Marketing*, 9th. ed., Prentice-Hall（和田充夫監訳（2003），『マーケティング原理 第9版』ダイヤモンド社）.
- Kotler, P. and K. L. Keller (2006), *Marketing Management*, 12th ed., Prentice-Hall（恩藏直人監修・月谷真紀訳（2008），『コトラー＆ケラーのマーケティング・マネジメント（12版）』ピアソン・エデュケーション）.
- 田村正紀（1989），『現代の市場戦略』日本経済新聞社。

4 マーケティング環境の分析

芳賀康浩

《目標＆ポイント》 マーケティング戦略の策定にあたり，企業はどのような状況（環境）におかれているかを検討しなければならない。本章では，マーケティングに影響を及ぼすマーケティング環境の構成要素とその分析ツールについて解説する。
《キーワード》 マーケティング環境，環境適応，SWOT 分析，バリュー・チェーン分析，ファイブ・フォース分析

　第 3 章で述べたとおり，戦略とは状況に応じて目標達成の手段を編成したものである。したがって，適切な戦略を策定するためには，それに先立って企業が置かれた状況を分析しなければならない。企業が置かれた状況を経営環境と呼ぶが，そのうち企業のマーケティングに影響を及ぼす状況要因をマーケティング環境と呼ぶ。環境に適応できない生物が絶滅するのと同様に，マーケティング環境に適応できない企業はその生存の糧である利益を獲得できず，その存続はおぼつかない。企業が適応しなければならないマーケティング環境にはどのような特徴があるのだろうか。

1. 環境変化とマーケティング

　ビールは最高気温が 28 度を超えると販売量が大きく伸びると言われている。つまり，ビールのマーケティングは気温という要因に大きな影響を受ける。ビール・メーカーにとって，気温は重要なマーケティング環境要因なのである。同様に，清涼飲料やアイスクリームなども猛暑の夏

にはよく売れるだろうし，反対に冷夏であればこれらの販売は不調になるだろう。このように，マーケティング環境は企業のマーケティングにとって追い風（市場機会）にも逆風（脅威）にもなる。

このマーケティング環境を構成する要因にはさまざまなものがあり，また企業によって重要な要因は異なるが，それらの多くに共通する特徴が2つある。1つは，企業の努力によってコントロールすることが困難であるということである。ビール・メーカーにとっては，猛暑日が多ければ多いほど望ましいはずだが，こうした企業がいかに努力しても日本の猛暑日を増やすことはできないだろう。

もう1つは，常に変化するということである。毎年の猛暑日の日数が一定であるならば，ビール・メーカーの販売予測は容易になり，生産計画・販売計画が立てやすくなるだろう。しかし，現実には冷夏であったり暑夏であったりして猛暑日数が一定であることはない。

こうした特徴を持つマーケティング環境を無視してマーケティングを行うことはできない。ビール・メーカーが気温の変化を無視してビールの生産・販売を行うならば，冷夏には売れ残りを抱えることになり，暑夏には機会損失を被ることになるだろう。マーケティングはマーケティング環境に応じて計画・実行されなければならないのである。この意味で，マーケティングは企業の**環境適応行動**ということができる。

環境適応の方法には，受動的適応，能動的適応，創造的適応の3つがある。

受動的適応とは，環境変化が生じてからそれに自社が合わせるという方法である。これに対して，**能動的適応**は，環境変化を予測することで環境変化と同時に自社も変化するという方法である。環境変化が早いほど，また競争が激しいほど，受動的適応では手遅れになる。こうした状況では，能動的適応の能力が企業の存続を左右することになるだろう。

最後の創造的適応とは、企業自らが環境を変化させ、その変化に適応するというものである。マーケティング環境はコントロールすることが困難であると先に述べたが、必ずしも不可能なものばかりではない。例えば、画期的な新製品やプロモーションで流行をつくり出したり、消費者の嗜好を変えたりすることを試みる企業は創造的適応を目指していると言えるだろう。また、日本の流通機構がまだ未発達だった戦後の経済成長期に、一部の大規模製造業者が流通系列化を進めることで、商品流通の有効性・効率性を高めたことも創造的適応の例として挙げられる。

2. マーケティング環境を構成する諸要因

前節では、気温という環境要因を取り上げたが、マーケティングに影響を及ぼす要因は非常に多様である。ここでは、マーケティング環境を構成する多様な要因を整理しておこう。

マーケティング環境はまず内部環境と外部環境に分けられる。**内部環境**とは、マーケティングに影響を及ぼす企業内部の要因であり、企業の経営目標、経営資源、マーケティング以外の職能部門などが挙げられる。例えば、新たな海外市場の開拓を中期目標とする企業であれば、海外市場に適した製品やプロモーションを開発しなければならないだろう。この時、適切な製品やプロモーションが開発できるかどうかは当該企業の有する経営資源や関連部門（研究開発部門、製造部門、営業部門、宣伝部門など）の能力に大きく依存する。こうした諸要因は、企業の内部にありながら、マーケティング担当者の外部からその意志決定に影響を及ぼすため、マーケティング環境を構成する要因と考えられる。

もう一方の外部環境とは、マーケティングに影響を及ぼす企業外部の要因であり、これはミクロ環境とマクロ環境に大別される。

ミクロ環境は、企業がマーケティングを行う際に直接関わることにな

るさまざまな組織や個人である。これには，企業が製品を販売しようとする消費者，同じ消費者を巡って競争する競合他社，マーケティングに必要なさまざまな財やサービスを提供する企業（原材料の供給業者，広告会社，調査会社，流通業者など）が含まれる。企業は消費者の意識や行動の変化をとらえ，それに適合したマーケティングを行わなければならないが，そのためにも適切な供給業者や流通業者を選定し，その目標や戦略を理解して彼らの協力を引き出せるよう望ましい関係を築く必要がある。同時に競合他社の動きにも注目し，適切に対応しなければならない。なお，ミクロ環境要因のうち，消費者はどのような企業のどのような製品のマーケティングにおいても無視できない重要な要因である。そこで，消費者の分析については第5章と第6章で解説する。

　マクロ環境は，内部環境あるいはミクロ環境を通じて間接的にマーケティングに影響を及ぼす諸要因であり，マーケティングが行われる状況の，政治的条件，経済的条件，社会的条件，技術的条件，自然条件，文化的条件などである。例えば，前節で述べた気温は自然環境というマクロ環境だが，これは消費者の行動を変化させることによって，マーケティングに間接的に影響を及ぼす。また，情報通信技術の進展という技術的環境の変化は，流通業者にPOSシステムの導入のような情報化を促した。その結果，大規模なチェーン小売業は製造業者に対する交渉力を飛躍的に高めるとともに，PB商品の開発にも積極的に乗り出すようになっている。

　〔図表4-1〕は，以上のさまざまなマーケティング環境要因をまとめたものである。ここで，内部環境，ミクロ環境，マクロ環境というマーケティング環境の区分に関して重要な点を指摘しておこう。前節で述べたとおり，マーケティング環境はコントロールが困難であるという特徴を持つ。実際に，マクロ環境においては個別企業の努力で変化させ

る余地はほとんどない。しかし，内部環境とミクロ環境については短期的には困難であっても中長期的にはコントロールできる可能性があるし，コントロールする努力をすべきである。

内部環境をコントロールするということは，第1章第3節で述べた統合性のうち，経営諸活動つまりさまざまな職能部門の活動をマーケティングを中心に統合するということにほかならない。また，同じく第1章第3節で顧客志向を実現するためには，消費者の「学習されるニーズ」をとらえることの重要性を指摘したことを思い出して欲しい。消費者調査などから把握することができる消費者の顕在的なニーズに合わせたマーケティングをニーズ適応型マーケティングというのに対して，「学習されるニーズ」すなわち消費者の潜在的なニーズを顕在化させるマーケティングはコンセプト提案型マーケティングと呼ばれる（三浦2012, pp. 317-318）。ニーズ適応型マーケティングが必ずしも不要だというこ

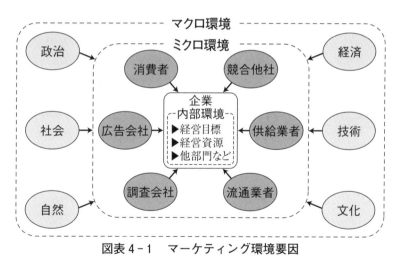

図表 4 - 1　マーケティング環境要因

（筆者作成）

とではないが，これに終始しているとどうしても競合他社と同質化することになる。とりわけ，軒並み技術水準の高い企業が揃う日本の製造業では，ある企業の差別化の成功に他社が迅速に模倣・同質化できるため，コモディティ化が起こりやすい。

コモディティ化とは，製品の本質的な部分での差別化が困難で顧客がブランド間にほとんど違いを見出すことができないような状況を指す（恩藏2007，p.2）。コモディティ化市場は価格競争に陥りやすく，企業の収益が圧迫されることになる。当然企業にとっては避けるべき状況であるが，実際に多くの日用雑貨，加工食品，飲料などの分野でコモディティ化が起こっている。

一方で，第1章で例に挙げたスマートフォンのように，画期的な新製品を競合に先駆けて導入した企業は，急成長する市場のリーダーとして**先発優位性**（新市場を開拓した企業が獲得できる競争上の有利な立場）という大きな果実を手にすることができる。これがコンセプト提案型マーケティングが求められる理由であるが，これは消費者ニーズを変化させるという点でミクロ環境のコントロールを目指すものである。コモディティ化の進んだ市場で，持続的競争優位を獲得するためには創造的環境適応が必要なのである。

3．マーケティング環境の分析ツール

有効なマーケティング戦略を策定するためには，マーケティングが行われる状況の分析が欠かせない。マーケティング環境分析の目的は，内部環境の分析によって自社の強み（strength）と弱み（weakness）を明らかにし，外部環境の分析によって機会（opportunity）と脅威（threat）を明らかにすることによって，代替的なマーケティング戦略案の基礎となる重要なマーケティング上の課題を識別することである。

そのため，環境分析は以上の頭文字をとってSWOT分析とも呼ばれる。なお，強み，弱み，機会，脅威の内容は次のとおりである（Fleisher and Bensoussan 2003，訳書，pp. 107-108）。

・強み…競合他社と比べて優れた能力，経営資源。
・弱み…競合他社と比べて劣った能力，経営資源。
・機会…企業が競争力を強化できる現在または将来の好ましい状況。
・脅威…企業の競争力を阻害する現在または将来の好ましくない状況。

　自動車の最大手メーカーが他社に先駆けて燃料電池車の市場導入を検討しているとしよう。この仮想例における重要なマーケティング環境要因は，SWOTマトリクスというチャートを用いて〔図表4-2〕のように整理される。

　ここで重要なことは，このSWOTマトリクスの各セルに該当する要因を列挙することがSWOT分析ではないということである。先述のと

	プラス要因	マイナス要因
内部環境	S：強み S1:企業の知名度の高さ。 S2:確立された販売網。 S3:自動車市場でトップ・シェア。	W：弱み W1:高価格。 W2:燃料電池車の認知の低さ。
外部環境	O：機会 O1:エコカー市場の成長。 O2:環境感度の高い消費者の増加。 O3:エネルギー問題への関心の高まり。	T：脅威 T1:若者の自動車離れ。 T2:少子高齢化。 T3:水素スタンドの整備の遅れ。

図表4-2　SWOTマトリクス（燃料電池車の仮想例）
（筆者作成）

おり，マーケティング上の課題を識別することがSWOT分析の目的であることを忘れてはならない。そのためには，ここに挙げられた要因間の関係をつぶさに検討する必要がある。例えば〔図表4-2〕からは，自社のエコカー・ユーザーに燃料電池車への乗り換えを促す（S2×O1），積極的な広告展開によって燃料電池車の認知を拡大するとともに自社のパイオニア・イメージを確立する（S1×W2×O2），業界団体を通じて水素スタンドの整備促進を政府に働きかける（S3×T3）といった課題を見い出すことができるだろう。

このように，SWOT分析においては，SWOTマトリクスの各セルに該当する要因のさまざまな組み合わせを検討する必要がある。これは非常に骨の折れる作業である。そのため，まずどのような要因をリストアップするかが重要になる。経営戦略論やマーケティング戦略論では，重要な環境要因を識別するためのさまざまなツールが提案されている。ここでは，内部環境分析，外部環境分析の代表的なツールとして，いずれもM. ポーターが提示したバリュー・チェーン分析とファイブ・フォース分析を紹介しておこう（浅羽・須藤2007, p.195）。

バリュー・チェーンとは，競争優位の源泉を分析するためのツールであり，企業が行うさまざまな活動とその相互関係を体系的に検討することを内容としている（Porter 1985, 訳書 pp. 45-68）。企業は〔図表4-3〕に示されるようなさまざまな活動の集合体であり，こうした諸活動が連結することで価値が生み出されているというのがバリュー・チェーン分析の基本的な考え方である。ここで価値とは，買い手が企業の提供するものに進んで支払ってくれる金額であり，総収入額で測られる。バリュー・チェーンはこの価値の全てを表しており，価値をつくる活動（価値活動）とマージンから成っている。つまり，企業の獲得するマージンの大きさは，企業の生み出す総価値と価値活動の総費用によって決

図表 4-3 バリュー・チェーンの基本形
(出所：Porter（1985），訳書 p. 49，図表 2.2 を一部改変。)

まることを〔図表 4-3〕は示している。

　バリュー・チェーンを構成する価値活動は主活動と支援活動に分けられる。主活動は，製品を物理的に創造し，それを買い手に販売し，販売後のアフター・サポートの提供までに含まれる諸活動であり，〔図表 4-3〕下段に示される①購買物流，②製造，③出荷物流，④マーケティング，⑤サービスといった5つの一般項目に分類される。支援活動は，主活動のそれぞれを支援する諸活動であり，〔図表 4-3〕上段に示される①全般管理（インフラストラクチャー），②人事・労務管理，③技術開発，④調達活動に分けられる。支援活動のうち，全般管理は個々の主活動と個別の関連性を持たず，バリュー・チェーン全体を支援するのに対し，残りの3つは個々の主活動で必要とされる人，技術，原材料といった経営資源に応じて個別の関連を持つ。

　バリュー・チェーン分析では，まずこれらの価値活動のそれぞれにつ

いて，具体的な個別の活動をリストアップし，どの活動がどのように自社の価値創造に貢献しているのかを検討する〔図表4-4参照〕。その分析の際のポイントは次の2点である（浅羽・須藤2007, p. 125）。1つは，それぞれの活動が価値創造に貢献すべく最適化されている必要があるということである。ただし，それぞれの活動が最適化されていても（部分最適），ボトルネックになる活動が1つでもあると全体の価値はその活動の水準に規定されてしまう。例えば，出荷物流の能力が低ければ製造設備をフル稼働させられなくなってしまうだろう。したがって，価値活動は無駄なく連鎖するよう相互に調整されなければならないというのが2つ目のポイントである。この価値活動の調整については，自社の価値活動が，供給業者，流通業者，顧客のバリュー・チェーンとどのように連結しているかという点も重要である。

このように，内部環境分析のツールとしてバリュー・チェーンをとら

	購買物流	製造	出荷物流	マーケティング	サービス	
全般管理						マージン
人事・労務管理		募集, 訓練		募集, 訓練	募集, 訓練	
技術開発	自動発注システムの開発	ライン設計, 機械設計	情報システム開発	市場調査, 販売資料作成	サービス・マニュアル作成	
調達活動		原材料, 部品, エネルギー	輸送サービス	広告代理店, 交通手段	スペア部品	
	原材料仕入れ 品質検査 部品選定	製造 組み立て テスト 機材メンテナンス	受注処理 出荷	広告 販売促進 営業活動	スペア部品配給 アフター・サービス	

図表4-4 具体的な価値活動のリスト（複写機メーカーの例）
（出所：Porter (1985), 訳書 p. 59, 図表2.4を一部改変）

えると，どの企業活動が製品・サービスに付加価値を与えているのかを明確にすることができるし，競争優位の鍵となる機能が業界によって異なることも分かる（山田2006, p. 81）。

外部環境の分析に用いられるファイブ・フォース分析は，もともとある業界あるいは市場セグメントから潜在的に利益が得られるかどうか（利益ポテンシャル）を判断することを目的としたものであり，利益ポテンシャルを左右する要因を5つのグループ（ファイブ・フォース）にまとめたものである（沼上2008, p. 177；沼上2009, p. 58）。この5つの要因は，既存企業の対抗度，新規参入の脅威，買い手の交渉力，売り手の交渉力，代替品の脅威であり，企業にとっての顕在的・潜在的な競争要因からなっている〔図表4-5〕。

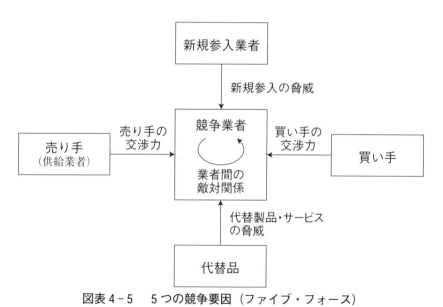

図表4-5　5つの競争要因（ファイブ・フォース）

（出所：Porter (1985), 訳書 p. 8, 図表1.1）

これらの要因が大きくなるほど業界・市場セグメントの利益ポテンシャルは小さくなり，反対に小さくなるほど利益ポテンシャルは大きくなる。つまり，このファイブ・フォース分析では，外部環境の機会と脅威を利益ポテンシャルという観点から分析することができるのである。また，ここでの5つの要因はミクロ環境要因であるが，マクロ環境を分析する際にも，その変化がこの5つの要因にどのような影響を及ぼすのかを検討する必要がある。

研究課題

1) ロングセラー・ブランドを取り上げ，そのブランドを販売している企業の強みを新聞や雑誌記事で調べ，バリュー・チェーンを用いて分析してみよう。
2) 清涼飲料，パソコン，英会話学校について，ファイブ・フォース分析をしてみよう。

参考文献

・浅羽茂・須藤実和（2007），『企業戦略を考える』日本経済新聞出版社。
・Fleisher, C. S., and B. E. Bensoussan (2003), *Strategic and Competitive Analysis : Methods and Techniques for Analyzing Business Competition*, Pearson Education International（菅澤喜男監訳・岡村亮・藤澤哲雄訳（2005）『戦略と競争分析：ビジネスの競争分析方法とテクニック』コロナ社）.
・三浦俊彦（2012），「ソーシャル・マーケティング」和田充夫・恩藏直人・三浦俊彦『マーケティング戦略〔第4版〕』有斐閣，第14章所収，pp. 311-336。
・沼上幹（2008），『わかりやすいマーケティング戦略　新版』有斐閣。
・沼上幹（2009），『経営戦略の思考法』日本経済新聞出版社。

・山田英夫 (2006), 「戦略の策定」大滝精一・金井一頼・山田英夫・岩田智『経営戦略〔新版〕』有斐閣第3章所収, pp. 61-98。
・恩藏直人 (2007), 『コモディティ化市場のマーケティング論理』有斐閣。
・Porter, M. E (1985), *Competitive Advantage*, The Free Press (土岐坤・中辻萬治・小野寺武夫訳 (1995)『競争優位の戦略 (15版)』ダイヤモンド社).

5 | 消費者行動の分析1：消費者情報処理

平木いくみ

《目標＆ポイント》 消費者は購買行動においてさまざまな情報を処理している。本章では，消費者の情報処理プロセスにおいて重要な概念を解説する。また社会や集団が消費者の情報処理に与える影響についても説明する。
《キーワード》 知覚，記憶，態度，動機づけ，消費者関与，準拠集団

第1章で学んだように，マーケティングでは売れる仕組みを構築することに力点が置かれている。売れる仕組みの本質は，標的顧客のニーズと欲求を充足するという点において競合他社に勝ることを意味している。したがって，優れたマーケティング戦略の立案には消費者の理解が欠かせない。有効な製品開発，価格設定，チャネル選択，プロモーションを実行する手がかりは，消費者行動の理解から得られるためである。

さまざまな要因が絡み合う消費者行動をこれから2章に分けて説明し，マーケティング戦略への示唆を得ていこう。まず本章では，消費者が購買行動においてさまざまな情報を処理するプロセスを理解していく。

1. 消費者行動の概要

消費者とは，企業が提供する製品やサービスを購入し，使用し，処分しながら日々の生活を過ごしている個人のことであり，彼らが従事するそうした諸活動の総称が消費者行動である。消費者行動は大きく購買行動と消費行動に分類される（杉本 2012，pp.13）。

購買行動には，商品やサービスの購買とその前後の行動が含まれる。

購買前の情報収集や比較検討に関わる行動，購買時の選択行動，購買後の推奨行動などがあり，これらは購買前の情報収集が購買時の決定方法に影響を与えたり，購買後の満足が次回購買の可能性に影響したりするように連続したプロセスとして捉えられている。一方，消費行動は，家計における限られた所得をどの商品にどれだけ配分するかを規定する貯蓄と消費に関わる一連の行動である。また，購入した商品の最終的な廃棄やリサイクルに関わる側面を指す場合もある。

消費者行動研究は，心理学からのアプローチを中心に研究が進められている。購買や消費といった目に見える行動の実態やその原因を，消費者の意思決定ルールや情報処理プロセスを検討することによって明らかにしようとする。しかし，実際には社会や集団の影響を研究する社会学，消費や所有の意味を考える記号論，刺激と生理的反応の関係を探求する脳科学，意思決定における人間の非合理的側面を研究する行動経済学など，複雑な消費者行動を理解するために，多くの分野の知見を援用し研究が進められている。ゆえに消費者行動研究は，学際的な学問分野と言われている。

2．知覚

次々と新製品が登場するなかで，企業は自社製品に関心を引こうと消費者に値引きやプロモーション等のさまざまな情報を送っている。企業から送られる大量のマーケティング情報を，消費者が知覚し，記憶に留め，態度を形成していく過程を情報処理プロセスという。

知覚は，消費者の情報処理プロセスの最初の段階に位置づけられる。企業が消費者に対して情報を送ったとしても届く人と届かない人がいたり，情報が同じだったとしても個人により反応が違ったりするのは，この知覚という機能のためである。つまり，知覚とは，刺激を受け取る感

覚（五感：視覚，聴覚，嗅覚，味覚，触覚）を通して入ってきたマーケティング情報を，消費者が選択し意味づけする機能である。具体的には，情報に「接触し」「注意を向け」「解釈する」という3つの段階で構成される〔図表5-1〕。

(1) 情報との「接触」

「接触」とは，さまざまなマーケティング情報が消費者の感覚（五感）を通して感知されることをいう。しかし現代の消費者を，自社のマーケティング情報へ接触させることは極めて難しい。日々，消費者に浴びせられる情報が膨大であるだけでなく，それら情報への慣れのため，強い刺激レベルを有した情報でないと消費者に感知されなくなってしまっているからである。刺激の感知能力は，元の刺激に対する新たな刺激の変化量によって決まってくると言われている。刺激の強い情報を毎日，大量に浴びている現代の消費者に，自社のマーケティング情報を感知してもらうためには，極めて新規性やオリジナリティが高い情報を提供しなくてはならなくなってしまっているのである。

情報との接触は，消費者の能動的な行為によって避けられることもある（選択的接触）。テレビCMになるとチャンネルを変えるザッピング，CMの間は消音にするミューティング，録画したテレビCMを早送りするジッピングなどである。

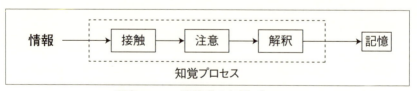

図表5-1 消費者の知覚プロセス

(2) 情報への「注意」

　消費者は，接触した情報のうち，注意を向ける情報を選択する（選択的注意）。「注意」とは，消費者が処理する刺激を特定することであり，個人の関心，経験，その時の心理状態による影響を受ける。例えば，ファミリーレストランで試験勉強をしている時，勉強に集中（注意）していれば周囲の話し声は気にはならないが，勉強に集中「しよう」としている時は話し声に注意が向き，なかなか勉強に集中できないことがある。また，消費者は自分のニーズに関連した情報に注意を向けやすい（知覚的警戒）。例えば，普段，気にとめない広告でも引っ越しが決まった瞬間，家具や家電のチラシに目を向けやすくなる。反対に，見たくないものから注意をそらし，見たいものだけに注意を向けることもある（知覚的防御）。喫煙者は禁煙を啓蒙する広告や検診を促す広告はあえて見ようとしない傾向がある。

(3) 情報の「解釈」

　消費者が注意を向けた刺激は企業が意図したように伝わっていない可能性がある。「解釈」とは，刺激に対して消費者が意味づけする段階であり，注意を向けた刺激を彼らの経験や信念に合わせて解釈する（選択的歪曲）。同じ糖度でも薄い色より濃い色のオレンジジュースの方が甘そうに感じられるのは，「色が濃いものは，味が濃い」といった消費者がすでに有している濃度についての信念に基づいている。牛乳に赤いパッケージが使用された時に市場の反応が鈍かったのは，牛乳は青か緑のパッケージという固定観念が消費者の間で定着していたからである。またブランドから連想されるイメージが情報の解釈に大きく影響する。一流レストランがプロデュースするお菓子はおいしそうで，有名ブランドのロゴがついたスニーカーはお洒落に感じられるのである。企業がブ

ランド・イメージの構築に力を注ぐのは，それらイメージの象徴性が情報の解釈に与える影響を知っているからである。

(4) 知覚マップ

こうした知覚の特性から，企業は消費者の心の中で自社ブランドがどのように知覚されているかを確かめるため，知覚マップを利用する。知覚マップとは，ある製品カテゴリーに含まれる複数のブランドを，消費者が知覚するイメージに基づいてマッピングしたものである〔図表5-2〕。マップ上の軸は当該カテゴリーに対する知覚イメージにより構成されているため，消費者の主観に基づく相対的なものであるだけでなく，環境や時代などにより変化してしまう点には注意が必要である。

企業における知覚マップの有効性は第1に，自社ブランドが目的としているポジショニングと実際に消費者に知覚されているイメージとの間にズレがないかを確認できることである。両者が一致していない場合に

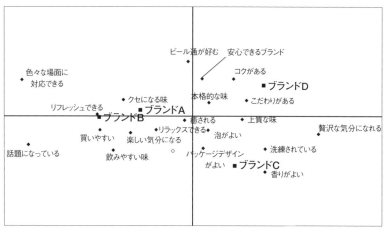

図表5-2 知覚マップ
(資料提供：株式会社インテージ「ブランド・イメージ コレスポンディングマップ」)

は，現行のマーケティング戦略を修正したり，ターゲット自体を変更したりするなどの対策が必要となる。第2に，自社ブランドと競合ブランドとの位置関係を把握することができる。知覚イメージが競合しているブランドはマップ上の距離が近くなり，知覚イメージが競合していないブランドはマップ上の距離が遠くなる。イメージ上で競合するブランドの把握は，ブランド・イメージ戦略や広告戦略の基礎情報として活用することができる。第3に，カテゴリーにおいて競合の少ないポジションを把握することができる。これにより，企業はブランド開発やブランド拡張といった市場導入の局面において，新しいブランド・イメージ構築の手がかりを得ることができる。他方，新しいブランド・イメージに対しては，そもそもそこに十分な需要が存在するかについても確認しておく必要がある。

3. 記憶

　我々は，知覚プロセスを通して解釈された刺激のうち，自分の信念や態度に合う情報は覚えている傾向がある。実際，関心が低いブランドの長所は忘れても，好きなブランドの長所は覚えているものである。消費者が知覚した情報を記憶に留め，整理する方法について説明しよう。

(1) 記憶プロセス

　我々は今覚えた電話番号を数十秒間は覚えていられるが，番号自体が覚えやすかったり，番号を反復したりしない限りすぐに忘れてしまう。情報を一時的に保持する「短期記憶」から，長期的に保持する「長期記憶」に変換するプロセスを「符号化」と言う〔図表5-3〕。符号化は，情報が消費者の信念や態度と一致していたり，情報が反復（リハーサル）されたりすることによって促進される。また符号化において，情報

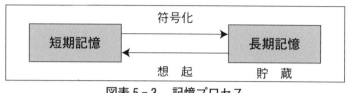

図表 5-3　記憶プロセス

の意味を考え，それを既存知識に関連づける作業を「精緻化」と言う。精緻化は，新しい情報に意味を付与したり，既存知識の意味を書き換えたりすることによって，後の態度形成や判断時に利用される知識を更新する作業である。

（2）　記憶の連想ネットワーク

　長期記憶に「貯蔵」される知識は連想ネットワーク構造で捉えられる（Collins and Loftus 1975）。これは，長期記憶に貯蔵されている情報や概念をノードとして，関連するノードとノードがリンクによって結ばれたネットワーク上の知識構造のことである。新しい情報は関連するネットワークに結びつけられ（精緻化），またある情報が長期記憶から探索される時，ネットワークは活性化する。このネットワークの活性化によって，ある情報とその情報と結びつく他の情報も「想起」される。例えば特定のブランドを考えた時，そのブランドとリンクしている評価，経験，属性，選好などのさまざまな情報も一緒に想起されるのである。ブランドとのリンクにより形成された連想ネットワークはブランド・イメージと呼ばれている〔図表5-4〕。連想ネットワーク上にポジティブな感情がリンクしていると，ネットワークの活性化は広く拡散し，ポジティブに関連したブランド情報が想起されやすくなり，好ましい態度が形成されやすくなる（Bower 1981）。

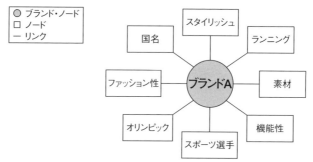

図表5-4　記憶の連想ネットワーク（シューズ・ブランドの例）
（筆者作成）

(3) ブランド・カテゴライゼーション

　消費者が長期記憶内でブランド知識を保持する方法は，ブランド・カテゴライゼーションという枠組みでも整理されている。これはある製品カテゴリーに含まれる複数のブランドを，消費者が記憶内で整理し保持する方法を示した概念である。具体的には，ブランドの全体が，消費者の信念や態度に基づいて，いくつかの下位集合へと分類されている〔図表5-5〕。

　まず製品カテゴリーに含まれる全ブランドの集まりは「入手可能集合」と呼ばれ，その中でブランドを知っているか否かによって「知名集合」と「非知名集合」に分類される。知名集合に含まれるブランドは，ブランドについて処理できる情報を有しているか否かによって「処理集合」と「非処理集合」に分類される。ブランド名を「ただ」知っているだけでは処理集合には入らない。広告，評判，使い心地など当該ブランドを評価できる情報を有しているか否かが，分類基準となる。

　処理集合に含まれるブランドは「拒否集合」「保留集合」「想起集合」に分類される。拒否集合はネガティブな情報や経験により態度が形成さ

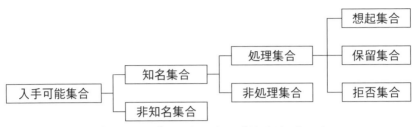

図表5-5 ブランド・カテゴライゼーション
(出所：Brisoux and Laroche (1980), p. 112-114.)

れ，購入候補から外されているブランドの集まりであり，保留集合は購入を迷っているブランドの集まりである。購入を考えた時，候補として思い浮かぶブランドの集まりが「想起集合」である。当然ながら，企業は購入に際して自社ブランドが想起集合に入るよう，消費者の記憶に強く印象づけたり，好ましいブランド・イメージを伝達したりして，同一カテゴリーに属する多くの他ブランドよりも消費者にとって魅力的な選択肢となるよう絶え間ない努力を続けている。しかし，想起集合に入ることができるブランドはわずか3ブランド程であるという過去の研究を踏まえると (Laroche, et al. 1986)，想起集合をめぐる企業間の競争は熾烈なものであることが容易に想像できるだろう。ブランド・カテゴライゼーションの枠組みは，消費者の記憶における自社ブランドのポジションを明らかにし，想起集合に入るために既存知識に付加すべき情報について示唆を与えてくれる。

4. 態度

消費者は製品やサービスについての情報を知覚し，学習し，既存知識に関連づけていくうちに，当該対象に対する認知的・感情的評価を形成するようになる。認知的評価とはいわば頭で考える評価であり，感情的

評価とは心で感じる評価のことである。**態度**とは，消費者が製品やサービスを肯定的あるいは否定的に評価している状態のことであり，製品やサービスの購入を左右する行動の準備傾向と捉えられている（杉本2012, pp.115）。

態度には，製品やサービスに対する評価（認知），感情，行動を一貫させようとする性質がある。例えば，新車を購入した後にそのブランドの広告に目がいくのは，当該ブランドについての良い情報を探すことにより自分の購入を正当化するためである（態度の強化）。また，購入後に魅力的に思える類似製品を発見し，態度と行動との間に不協和と呼ばれる矛盾が生じることがある。そうした場合，消費者は，「購入した製品の方が知名度が高い」などと選ばなかった選択肢よりも選んだ選択肢の魅力を高めることで不協和を低減し，ブランドへの態度を保とうとする（一貫性の維持）。他にも，選択後に「自分にはこのブランドが合っている」などと事後的に態度を決める場合もある（自己知覚）。製品やサービスに対する評価，感情，行動を一貫させようとする性質により，態度は比較的長期にわたり持続し，当該製品の購入に大きな影響を与えることになる。ロングセラー・ブランドであっても積極的なプロモーションにより常に新しいイメージを伝達したり，サービスの強化に力を入れたりするのは，自社ブランドに築かれた好意的な態度を企業が維持しようとしているためである。他方，自社ブランドに対して一度，ネガティブな態度が形成されてしまうと，再び当該ブランドを購入してもらうことは極めて難しくなる。

5. 消費者関与

関与とは，対象や状況に対する個人の関心や思い入れの程度であり，当該対象に関わる情報処理や意思決定の水準および内容を方向づける役

割を果たしている。つまり関与水準によって,製品やサービスに関するどのような情報にどれくらい注意を払い(知覚段階),記憶から情報を引き出し(記憶段階),強い態度を形成するかが規定される(態度段階)。一般に,関与水準は対象への思い入れが強かったり,重要性を感じていたり,自分との関連性が強かったりする場合に高くなる。例えば,大学3,4年になると突然,就職への関与が高くなり,企業や資格等の情報に注意が向くようになる。

〔図表5-6〕には,関与水準を高低2つに分けた場合の情報処理の違いがまとめられている。高関与の消費者は対象への関心や思い入れが強い状態にあるため,関連性が高い情報を意識的に収集し,精緻に処理しようと動機づけられている。そのため情報処理の水準は全体として深くなり,情報感度が高く,関心がある対象についての本質的な情報を得るための情報探索が活発になる。既存知識からの内部情報探索と,広告や口コミなど外部情報からの探索の両方が活発に行われ,やがて対象への明確な態度と包括的な知識が形成されていく。このような情報処理方法は中心的情報処理と呼ばれ,意思決定は分析的に行われる。

一方,低関与の消費者は,対象と関連する情報を処理しようとする動機が弱いため,処理水準は浅くなる。そのため情報感度は鈍く,記憶か

	高関与	低関与
処理水準	深い	浅い
知覚	多・敏感	少・鈍感
情報探索	深層・広範	表層・限定
知識形成	包括的	部分的
意思決定	中心的・分析的	周辺的・簡略的

図表5-6 消費者関与と情報処理
(出所:青木・新倉・佐々木・松下(2012)p.182,久保田,澁谷,須永(2014)p.131に一部改変。)

ら想起されたり外部探索されたりする情報の量と範囲も限定的で，情報の質も表層的なものが多くなる。例えば広告に起用されているタレントやBGMなど対象の本質とは関連性が低いが簡単に使える情報が探索されやすい。このような情報処理方法は**周辺的情報処理**と呼ばれ，意思決定は簡略的に行われる（ヒューリスティックスと呼ばれる）。周辺的情報処理が行われた結果として形成される知識や態度は変容しやすいという特徴を有するため，企業はマーケティングによって自社製品への関与を引き上げようと努力している。

　関与にはその対象によっていくつかの種類がある。**コミュニケーション関与**はコミュニケーション内容に対する関与であり，そのレベルによってどのような広告情報に反応し，広告態度を形成していくのかを説明する。**製品関与**は特定の製品カテゴリーに対する関与であるため，実際の購入意思に関わらず，当該製品カテゴリーに関する情報探索活動に影響を与える。結果としてある製品が欲しくなり，購入を導く購買動機となる場合も多い。一方，**購買関与**は製品の購入をするという行為についての関与であり，製品購入の緊急性や必要性に応じて生じたり，店舗環境や品揃えなど購買状況の魅力によって関与レベルが変わったりする。購買関与に関しては第6章においても触れていく。

6. 集団の影響

　ここまで見てきた消費者の情報処理プロセスは，消費者個人によって異なる。消費者が同じマーケティング情報に触れたとしても感じ方が異なっていたり，同じ製品を購入したとしても使用，保有，廃棄に至る諸行動が大きく異なるということは日常的に経験されることだろう。その背後には，消費者の情報処理プロセスを根底から方向づける集団の影響がある。

宗教上のタブーは，食べる食品や装身具のカラーの意思決定に大きな影響を与える。権力格差の程度が大きい国は序列関係への意識が強く，上の階層ほど自身のステータスを象徴するような情報に興味がある。また，個人主義と集団主義，物質主義と脱物質主義などといった価値観が，消費者の製品やサービスに対する関与や情報処理のプロセスを方向づけるより根源的な要因となっている。消費者は自分が属する集団で支持されている信念や行動に強く影響を受けているのである。

　こうした文化的価値観を基盤に持ちながら，他方で，消費者は複数の社会集団の影響も受けている。例えば，主婦であれば家庭だけでなく，子供や仕事に関わる複数のコミュニティでも生活し，コミュニティに応じて入手する情報や身につける製品を使い分けたりしている。とりわけ個人の消費行動や購買行動に強く影響を与える社会集団に準拠集団や社会的地位などがある。

　準拠集団とは，消費者の態度や行動に影響を与える社会集団のことである。第1集団は家族，友人，職場の同僚など，メンバーとの間に持続的な関係と頻繁なコミュニケーションがある集団である。第2集団は学校の委員会活動や組合組織など公的で，かつメンバーとの間に持続的で頻繁なコミュニケーションが乏しい集団である。また好きなタレントやスポーツ選手など，自分は属していなくても属したいと憧れている願望集団も製品への態度や選択に影響を与える。準拠集団はメンバーと同じ選択を促したり，消費者に新しいライフスタイルを示したりする役割があり，所属するメンバーは処理する情報が類似してくる。とりわけ，準拠集団が個人の根本的な行動基準の形成に与える影響を規範的影響と呼ぶ。大学や結婚など人生の重要な選択において，親が子供の価値観に決定的な影響を与えている場合などが該当する。一方，準拠集団が特定製品の購入に与える影響を比較的影響と呼ぶ。強力なブランド・コミュニ

ティがメンバーのブランド選択に大きな影響を与える場合などが該当する。

　他にも，**社会的地位**は社会集団の中での自分の位置づけを他者や他の社会集団に明示する役割を果たす。一般に，企業の重役は購読する新聞や雑誌が同じばかりか，高級車に乗り，高価なスーツに身を包むことで他の社会集団に対して自分の地位とステータスを顕示している。社会的地位によって共有される価値観が，個人の関心や入手する情報，そして彼らの購買行動に影響を与えている良い例である。

研究課題

1）自分にとって，高関与の製品カテゴリーに含まれるできるだけ多くのブランドを調べ，それらをブランド・カテゴライゼーションの枠組みにしたがって分類してみよう。
2）自分が属している準拠集団をいくつか挙げてみよう。その中で，あなたの製品やサービスの購買に強く影響を与えている準拠集団を取り上げ，具体的な影響を考えてみよう。

参考文献

・青木幸弘（1989），「消費者関与の概念的整理：階層性と多様性の問題を中心として」『商学研究』（関西学院大学），第37巻，1・2・3合併号，pp.119-138.
・青木幸弘・新倉貴志・佐々木壮太郎・松下光司（2012），『消費者行動論——マーケティングとブランド構築への応用』有斐閣.
・Bower, G. H. (1981), "Mood and memory," *American Psychologist*, Vol.36, No.2, pp.129-148.
・Brisoux, J. E. and M. Laroche (1980), "A Proposed Consumer Strategy of

Simplification for Categorizing Brands," in John H. Summey and Ronald D. Taylor (eds.), *Evolving Marketing Thought for 1980*, Southern Marketing Association. pp.112-114.
・Collins, A. M. and E. F. Loftus (1975), "A Spreading-Activation Theory of Semantic Processing," *Psychological Review*, Vol.82, No.6, pp.407-428.
・久保田進彦, 澁谷覚, 須永努 (2013), 『はじめてのマーケティング』有斐閣ストゥディア。
・Laaksonen, P. (1994), *Consumer Involvement*, Chapman and Hall, Inc, London. (池尾恭一・青木幸弘監訳 (1998), 『消費者関与』千倉書房).
・Laroche, M., J. A. Rosenblatt, and J. E. Brisoux (1986), "Consumer Brand Categorization: Basic Framework and Managerial Implications," *Marketing Intelligence & Planning*, Vol.14, No.4, pp.60-74.
・杉本徹雄 (2012), 『消費者理解のための心理学』福村出版。

6 | 消費者行動の分析2：購買行動

平木いくみ

《目標＆ポイント》 消費者を自社製品の購買決定へと導くことこそ究極的な企業のマーケティング目標である。本章では，消費者がどのように購買決定を下すのかを理解するために，購買決定プロセスに焦点を当てる。また購買行動に影響を与えるさまざまな状況要因についても解説する。
《キーワード》 購買決定プロセス，問題認識，情報探索，代替案評価，非計画購買，オンライン購買行動

第5章では，消費者が購買に至るまでに接触するさまざまな情報を処理するプロセスについて学んできた。本章では，消費者が多くの選択肢の中から最終的に1つを選択する購買決定プロセスに焦点を当てる。購買決定プロセスも，さまざまな情報を処理しながら進められるプロセスであるとともに，店舗における多様な状況要因の影響を受けながら進められるプロセスでもある。さらに，近年急速に拡大しつつあるオンラインでの購買行動についても検討していこう。

1. 購買決定プロセス

消費者が製品やサービスを購入する理由は自身のニーズを満たしたり，問題を解決したりするためである。問題を認識してから解決行動を実行するまでの一連の流れを**購買決定プロセス**という。これは（1）問題認識，（2）情報探索，（3）代替案評価，（4）購買決定，（5）購買後評価，と進むプロセスであり，さまざまな心理的要因や状況要因の影響を

図表6-1　消費者の購買決定プロセス

受けながら，多数の選択肢の中から1つを選択するプロセスでもある。購買決定プロセスは，大きく購買前段階（問題認識から代替案評価），購買段階（購買決定），購買後段階（購買後評価および廃棄）に分類される〔図表6-1〕。本章では，問題認識から情報探索，代替案評価へと進む購買前段階について検討しよう。

（1）　問題認識

　購買決定プロセスは，解決すべき何らかの問題を消費者が認識することからスタートする。問題認識には，空腹や不足など現在満たされていない状態を満たされた状態へ持っていこうとする低次の欲求と，理想や願望など現在の状態を高めようとする高次の欲求とがある。例えば，低次の欲求は，生活に必要な日用品の不足を補うための購買動機を生じさせ，高次の欲求は，自己実現のための美や知識に関連する購買動機を生じさせる。いずれの欲求も現在の状態と目標状態とのズレが大きいほど購買動機は強くなり，購買決定プロセスは活性化する。

　第5章で説明した関与は，問題認識のレベルと強く関連した概念である。製品カテゴリーに対するこだわりや思い入れが強かったり（製品関与），製品を購買する必要性が高かったりすると（購買関与），問題認識レベルは高くなり，製品の購買にあたり熱心な情報収集や複雑な意思決定をしようとするからである。一般に，「金銭的リスク」「専門的リスク」「社会的リスク」「感情的アピール」「象徴的価値」を伴った製品の

場合には製品関与や購買関与が高くなり，当該製品の購買動機は強くなる（Assael 1981：〔図表6-2〕）。

金銭的リスク	高額な買い物は慎重になる。
専門的リスク	専門性の高い買い物はさまざまな情報源から比較検討が行われる。
社会的リスク	社会的地位や社会的ポジションは選択する製品を考慮させる（周囲の目を気にする製品選択を促す）。
感情的アピール	個人にとってのこだわりや思い入れが強い場合，特別な経験や体験は対象への関心を高める。
象徴的価値	社会的成功者はその証としてステータス・シンボル性の高い製品へ関心を持つ。

図表6-2　関与を高める要因
（出所：Assael（1981）を一部改変。）

(2) 情報探索

問題を認識した消費者は，その問題解決に必要な情報の探索を始める。この情報探索の方法にも関与は影響を及ぼす。例えば，ある製品に高関与だったり，初めての購入だったりする場合には，購買における問題認識は強くなり，当該製品に関する情報を熱心に収集し，代替品との比較に努力を注いだうえで購買に至るだろう。一方，低関与だったり，いつも購入している製品だったりする場合には，購買における問題認識は弱くなり，ほとんど情報を収集しないでも購買に至ってしまうかもしれない。このように，関与水準に影響される問題認識のレベルと情報探索の水準は，その後の購買行動を規定する。

例えば〔図表6-3〕は，関与と意思決定方法を軸にとり，購買行動を分類したものである。セル①は，関与が高いため，当該製品の情報を熱心に収集し，代替品との比較に努力を注ぐという**包括的問題解決**のプ

	意思決定	惰性
高関与	①包括的問題解決 熟慮型の行動	④習慣的意思決定 ブランド・ロイヤルティ行動
低関与	②限定的問題解決 バラエティ・シーキング行動	③習慣的意思決定 習慣的行動

図表6-3　購買決定プロセスと代表的な購買行動
(出所：Assael (2004), 杉本 (2012) を参考に作成)

ロセスにより導かれる行動が当てはまる。包括的問題解決は，〔図表6-1〕の手順を丁寧に踏むプロセスである。例えば，住宅や自動車の購買時を思い浮かべてみてほしい。情報収集は自分の知識（内部情報探索）からはもちろん，広告や店頭や口コミ等の外部情報からも積極的に収集しようとするだろう（外部情報探索）。結果として，購買決定に至るまでには比較的長い時間がかかることになる。

　一方，低関与であったとしても，ある程度の情報探索を行ってから行動に至る場合がある（セル②）。購買決定に熱心には動機づけられていないが，複数の選択肢について，複数の属性に関する比較検討を行う限定的問題解決型のプロセスにより導かれる行動である。予算制約が強いため，価格や内容量など経済性に関わる情報のみを熱心に検討したり，店舗内の広告や品揃えを手掛かりにその日の夕食を決定したりする場合などである。

また，お菓子や文具など低関与の製品であったとしても，味やデザイン等のバラエティが豊富で，ブランド間の知覚差異が大きい製品カテゴリーに関しては，バラエティ・シーキングと呼ばれる限定的問題解決型の行動が起こりやすい。消費者は製品の追加変更などに関わる必要情報だけを処理し，多様性を求めてさまざまな製品にトライするという行動である。新製品にトライする動機が既存ブランドの不満に基づいていないため，以前，購入していたブランドに対しても好意的態度が維持されている。なお，必要性がある重要な情報だけが処理されるため，購買決定までの時間は比較的短くなる。
　関与水準に関わらず，新たな情報探索や代替案評価への意識的な努力がほとんどなく，今までの経験や惰性に基づく**習慣的意思決定**により導かれる行動もある。低関与であるセル③は，日常的に使用される製品の意思決定が該当する。例えば，醤油や洗剤などの購買ではほとんど比較検討を行わず，お決まりのブランドを選択してしまう場合も多いだろう。消費者は最小限の努力で問題解決しようとするために，同一ブランドの反復購買が行われやすい。また，購買が努力の低減といった消極的な動機に基づくため，価格等で魅力的な代替品があると心理的抵抗なしにすぐに他ブランドへスイッチしてしまうという特徴もある。
　一方，高関与であるセル④は，お気に入りのブランドで明確な選好や態度が確立している場合の意思決定があてはまる。習慣的意思決定により，他ブランドと比較検討することなしに行動が導かれるが，反復購買の動機が，過去の経験を通したブランドへの愛着やコミットメントに基づくため，他ブランドへのスイッチが少なく，比較的長期にわたり持続するブランド・ロイヤルティ行動を導く。習慣的意思決定プロセスは「問題認識→購買→購買後評価」と簡略化されているため，購買決定に要する時間は短くなる。

(3) 代替案評価

　情報探索によって消費者は問題解決のための代替案，つまり，ニーズを満たす可能性のある代替的ないくつかのブランドの情報を手に入れる。この情報を整理・統合し，最終的に自分のニーズに最も合ったブランドを選択するプロセスが代替案評価である。この代替案評価の方法も関与水準の影響を受ける。

　高関与の場合，消費者はいくつかの代替案の中から熟慮の末，1つの製品を選択するといった複雑な意思決定を行う。代償型と呼ばれる代替案評価の方法は，製品属性のプラス評価とマイナス評価を勘案して決定が行われるというものである。マイナス評価の属性があったとしてもプラス評価の属性によってその欠点が埋め合わせられるという意味で代償型と呼ばれる。具体的には，代替案が有する属性に関する評価値とそれぞれの属性に対する消費者の重要度の積和によって各代替案の総合点（全体的評価）が計算され，最も総合点の高い代替案が選択されることになる。

　関与レベルが下がるにつれ，消費者はより簡単な方法で代替案を評価しようとする。消費者が設定した評価基準に満たない属性がある選択肢を除外していくという方法は非代償型と呼ばれる。非代償型のうち，最も重要な属性の評価において最高得点のものを選ぶという方法は辞書編纂型ルールと呼ばれる。仮に最も重視する属性の最高得点が複数の選択肢で同点だった場合，それらの選択肢について2番目に重視する属性で比較をし判断していく方法である。他にも，属性を評価する切り捨てポイントを設定し，各属性がその基準値を満たしているかどうかで選択する連結型ルールという方法もある。こだわりが少なく無難なものを選びたい場合に採用されやすい。

　ノート型パソコンを例に代替案評価の方法を考えてみよう〔図表6-

	ブランドA		ブランドB		ブランドC	
処理能力（CPU）	最高	5	標準	3	やや低い	2
重量	まあまあ重い	2	とても軽い	5	普通	3
デザイン	良い	4	普通	3	普通	3
価格	156,000	1	128,000	2	78,000	4

```
*属性重視度   総合点  5×5+2×3+4×4+1×2=49点   3×5+5×3+3×4+2×2=46点   2×5+3×3+3×4+4×2=39点
 処理能力(5)  軽量         ×                      ○                      △
 重量(3)     無難         ×                      ×                      ○
 デザイン(4)             (代償型)                (辞書編纂型)             (連結型)
 価格(2)
```

図表6-4　代替案評価の方法

4〕。同製品の選択が仕事の成果において非常に重要だと考えた場合，どのブランドを選択するかは当該消費者にとって非常に重要な問題となる。例えば，大量の画像やデータを扱い，かつ外部でのプレゼンテーションが多い仕事の場合，データ処理の量や速度に優れたCPUと顧客への印象を考慮したデザインがブランド選択において特に重視されるかもしれない。この場合，他ブランドより価格が高かったり重さがあったりしたとしても，すべての属性の評価とそれに対する自身の重視度とを計算し，総合得点で最も高いブランドAが選択されることになる（代償型）。他方，別の人にとってはともかく持ち運びやすさを重視した軽いノート型パソコンが好まれることもある。この場合，重量以外の属性が他ブランドより劣っていたとしても，最も重視する軽さという属性において最高得点だという理由だけでブランドBが選択される（辞書編纂型）。さらに，製品へのこだわりが少なく，すべての属性において自身の許容水準を満たしたブランドであれば良いという評価方法もある（連結型）。こうした無難なものを選ぶような状況では，たいていの場合，低価格のブランドが選択されやすい。これら代替案評価の方法は，同じ製品を購入する場合でも，消費者の関与や重視する事柄によって最終選択されるブランドが異なってくることを示している。

さらに低関与で購買決定がなされる場合，消費者はヒューリスティックスと呼ばれる過去の経験則や先入観を利用して，情報処理を簡略化し，素早い決定を下そうとする傾向がある。例えば，簡単に想起できるものに基づく利用可能性ヒューリスティックス（馴染みがある事柄，最近見た事柄，インパクトがある事柄），自分が典型的だと思うものを利用する代表性ヒューリスティックス（エコカーと言えば「プリウス」，ワインと言えばフランスといった原産国イメージ），特定の参考値を基準に判断するアンカリング（通常価格と値下げ価格を提示することで，通常価格が基準になり値下げ価格を判断する）などがある。ヒューリスティックスの利用によって，消費者は簡単かつ短時間で意思決定することができる一方，自分の経験則や思い込みに基づく判断は誤った結果を導く場合がある。例えば，私たちは価格が高い製品ほど品質が良いと思い込みがちだが，必ずしも高価格が高品質を保証するわけではない。自分の判断が正しいかを判断するためには，追加的な情報探索が必要になってくる。

2．店舗内購買行動

ここまで消費者が多くの選択肢の中から特定ブランドを選択するまでのプロセスに焦点を当ててきた。しかし，実際の購買はその通りにいくとは限らない。消費者の購買行動は多くの要因によって左右され，その最も大きな要因が，実際に購買が行われる店舗での状況要因である。とりわけ，低関与の消費者は態度決定から購買決定が店舗内で行われやすい。まず，店舗内における購買行動を分類したうえで，次節において購買行動に影響を与える状況要因について解説する。

店舗での購買行動は，消費者が今日買う製品をどれくらい明確に決めているかと（製品レベル（醤油）での購入を決めているか，ブランド・

		行動の変更（入店後）	
意思決定レベル（入店前）		無し	有り
	ブランド	計画購買	ブランド変更
	製品	ブランド選択	非計画購買

図表6-5　店舗内における購買行動
（出所：恩蔵直人，守口剛（1994），p.18）

レベル（Aブランドの醤油）での購入を決めているか），入店後の行動の変更によって分類することができる（恩蔵・守口 1994；〔図表6-5〕）。入店前に購入するブランドまで決めており，そのブランドを実際に購入することを「計画購買」という。しかし事前にどのブランドを買うかまで決めていたにも関わらず，店舗内の魅力的な価格プロモーションに惹かれたりして，他ブランドに変更した場合は「ブランド変更」になる。

　一方，入店前に製品カテゴリーは決めていても，どのブランドにするかは店舗内で決定する場合は行動の変更はされておらず「ブランド選択」となる。さらに，製品レベルにおける購入意思がないにもかかわらず行動を変更し，購入に至る場合が「非計画購買」である。事前に何を買うかを決めないで来店し，店舗内の刺激に影響されて購買に至るという低関与の消費者の典型的な購買パターンである。

　非計画購買は，入店してから必要性を思い出し購入に至る「想起購買」，夕食メニュー決定のようにある製品の購入が関連製品の購入を促す「関連購買」，安い時に買おうと決めているようなストック製品が店舗内で安売りだったため購入した等，入店後に条件が整った場合に購入に至る「条件購買」，目新しさやその時の気分や衝動によって購入され

る「衝動購買」がある。スーパー等の日用品を扱う店舗では非計画購買率が非常に高い。「非計画購買」に，店舗内でのさまざまな要因の影響を受けて購入が実行される「ブランド選択」や「ブランド変更」を含めると，その割合（店内決定率）は店舗内購買行動の実に90％近くを占めると言われている（大槻 1991）。

3. 購買行動に影響を与える状況要因

　店舗内のさまざまな状況要因は消費者の購買決定に大きな影響を与えている。とりわけ，スーパーマーケットやコンビニエンス・ストアで扱われている日用雑貨，加工食品，菓子，飲料類などの購買決定は低関与下でなされるため，店舗内では非計画購買を促すセールス・プロモーションが重要になってくる。本節では，購買場面で消費者の意思決定に影響を与えるさまざまな状況要因を取り上げる。具体的には，陳列等のマーケティング要因，店舗環境等の物理的要因，同伴者等の社会的要因，時間制約等の個人的要因などがある。

(1) マーケティング要因
　製品パッケージ，POP 広告等の店頭プロモーション，価格表示，陳列，実演販売など，店舗内における製品への注意獲得と購買決定を促す全ての要因が該当する。パッケージを「マーケティングにおける最後の5秒」と呼ぶ人がいるように（恩蔵・亀井 2002，pp. 138），店舗内におけるマーケティング要因は，消費者が問題を認識してから購入に至る最後の瞬間を決定づける要因である。例えば，テレビ広告と連動したPOP 広告によって店頭における対象製品の想起購買を促したり，使用状況や使用目的が同じ製品を隣接陳列することにより関連購買を促したりすることができる。またタイムセールや実演販売も消費者心理を刺激

して購入に向かわせる効果的な方法である。

（2） 物理的要因

　レイアウト，通路の幅，照明，音楽，香り，温度，カラー等，店舗の雰囲気を構成するさまざまな要因が含まれる。これらの物理的要因は，消費者の五感を通して知覚や感情状態に影響を与え，どの製品に注意を向け，店舗内でどのくらいの時間を過ごすのかを左右する。例えば，五感に訴える刺激を用いた調査では，スーパーマーケットにおいてアップテンポのBGMよりもスローテンポのBGMを流した方が滞店時間は長くなり，購入金額が高まっていた（Milliman 1982）。また，店舗における心地よい香りは店舗評価，製品評価，再来店意図を高めたり（Spangenberg 1996），特定商品の香りは対象製品の非計画購買や関連購買を促したりしていた（平木・恩蔵 2006）。他にも，薄い色の色調は広々として静かな雰囲気を伝達する一方，明るい色調は興奮する雰囲気を伝達したり（Blumenthal 1988），暗い照明よりも明るい照明の方が製品は詳細に吟味されたりするという調査結果などがある（Areni and Kim 1994）。このように，五感を通して消費者の知覚，判断，行動に影響を与え，企業と消費者双方に望ましい買い物の実現を目指すマーケティングを感覚マーケティングと呼び（Krishna 2013），近年，注目が高まっている。

　なお，これらの店舗環境要因の効果は消費者の購買動機に大きく左右される。買物自体を楽しむ快楽動機を有する消費者の場合には，感覚的な刺激要因は気分を高め行動を促す要因となる一方で，購買の達成動機や目的志向が高い消費者の場合には，大音量のBGM，鮮明なカラー，複雑なレイアウトは不快な感情を生じさせ，ネガティブな結果を引き起こしてしまう可能性がある。

（3） 社会的要因

　買物における同伴者の存在は，単独で意思決定する場合とは異なる製品選択を促すことがある。家族の要望を受け入れて，当初の予定とは異なる購買がなされたり，自分の好みよりも同伴者の要望を優先した選択がなされたりすることは日常的によくあることである。我々の購買行動は他者という社会的要因の影響を大きく受けているのである。

　また，我々は個人的な関わりがない他者の存在からも影響を受ける。周囲にいる他者の視線を意識して，自分の真に欲しいものを買い逃したり，購買を延期したりするような場合である。他方，我々は他者の行動を購買決定における情報源として利用することもある。例えば，店の前に続く行列は，多くの他者に人気があることを知覚させるため，製品の品質判断にプラスの影響を与えたり，自分も他者と同じように列に並ぶといった同調行動をとらせたりする。とりわけ，行列による品質判断は，自分より前に並んでいる他者の人数よりも，後ろに並んでいる他者の人数に影響されるという（Koo and Fishbach 2010）。後ろに並ぶ他者の人数が，自分の判断の正当性を補強するからだと考えられている。

（4） 個人的要因

　時間や予算といった個人的要因は，選択する対象や購入量を規定し，選択全体を決定づける要因である。例えば，時間制約が強い場合，消費者は短時間で確実な選択を実現するために，明確で信頼のおけるブランドや高価格といったヒューリスティックスのみに頼る選択をする傾向がある。また，予算制約は，消費者が予算を配分する対象を規定してしまうため，そもそも購入対象にならない製品が出てきてしまう。環境に対する意識や倫理感といった社会的意識も，製品態度に影響を与えたり，購入対象を規定したりする要因となっている。

4. オンライン購買行動

消費者の購買行動において，インターネットを利用したショッピングの重要性が高まっている。インターネットは，消費者が欲しい製品を瞬時に，多くの店舗から検索することを可能にしただけでなく，店舗や製品に付随するさまざまな情報（企業からの広告情報だけでなく，消費者間で交わされる口コミなどの評価情報）の入手を容易にしている。一方で，情報の中には有害なものが含まれていたり，多すぎる選択肢や情報が心理的ストレスを高めたりして，選択を回避させる状況も生まれている。一般に，消費者がオンライン店舗を利用する理由は，第2章で説明した顧客価値の式から理解することができる。

〔図表6-6〕は，顧客価値における知覚コストを金銭的コスト，時間的コスト，身体的コスト，心理的コストに分類し，知覚ベネフィットを機能的ベネフィット，情緒的ベネフィット，サービス・ベネフィット，経験的ベネフィットに分けたものである。顧客価値は，総知覚ベネフィットが総知覚コストよりも大きい場合に生じるため，この式により総知覚ベネフィットを高めるか，総知覚コストを引き下げるかが，顧客価値を高める方法であることが分かる。

実店舗とオンライン店舗の違いは，物理的な店舗の有無にある。実店舗における購買では，店舗に行くまでの時間的コストや身体的コストを

図表6-6　顧客価値（第2章参照）

（出所：橋田・須永（2013），p.21の一部変更。）

引き下げることはできないため，実店舗で実現可能な雰囲気や接客にマーケティングの力点が置かれる。例えば先に触れたように，店舗内の物理的要因は買物中の顧客の感情状態に大きく影響し，ポジティブな感情を生じさせることによって滞店時間を延ばしたり，意思決定をスムーズにすることで，顧客満足を高めたりすることができる（Meharabian and Russel 1974）。実店舗では，経験的ベネフィットやサービス・ベネフィットなどの強化を通して顧客価値を高めるべきである。

　一方，オンライン店舗では，買物におけるリアルな経験的ベネフィットを実現することが難しい。オンライン店舗の強みは，店舗に行くうえでの時間的コストや身体的コストを引き下げて，顧客価値を高める点にある。インターネット上ではこうしたコスト負担の少ない購買行動を容易に引き起こせる一方で，最近では限りなく広がる選択肢の増加に新たな心理的コストを生じさせるようにもなってきている。そのため，オンライン店舗では品揃えや配達サービスの拡充といったサービス・ベネフィットを実現することにより，ベネフィット面の強化に力を入れ始めている。実際，あるオンライン通販会社では，品揃えの拡充によって世界中から来店客を増やし続けている。しかしながら，嗜好性が強い製品，鮮度が重視される製品，信頼に基づく製品，経験が重視される製品は，現在のところオンライン店舗での販売は不向きであり，従業員とのリアルな接触や実際に目で見て確かめて選択できる実店舗での販売が向いていると言われている。消費者の購買行動を促進するためのマーケティングの力点は，オンライン店舗と実店舗とでは大きく異なっているのである。

研究課題

1）高関与型製品と低関与型製品を思い浮かべ，それぞれを購入する際に用いる決定ルールを考えてみよう。
2）ある日の買い物について，計画的に購買した製品と非計画的に購買した製品を分類してみよう。非計画的に購買した製品について，購入に至った理由を考えてみよう。

参考文献

- 青木幸弘・田島義博編（1989），『店頭研究と消費者行動分析』誠文堂新光社。
- Areni, C. S. and D. Kim（1994），"The Influence of In-Store Lighting on Consumers' Examination of Merchandize in a Wine Store," *International Journal of Research in Marketing*, Vol.11, No.2, pp.117-125.
- Assael, Henry（1981），*Consumer Behavior and Marketing Action*, 3rd ed. Kent, pp.86-91.
- Assael, H.（2004），*Consumer Behavior: A Strategic Approach*. Houghton Mifflin.
- Blumenthal, D.（1988），"Scenic Design for In-Store Try-one," *New York Times*,（April 9）
- 橋田洋一郎・須永努（2013），『マーケティング』放送大学教育振興会。
- 平木いくみ・恩蔵直人（2006），「店舗内における香りの効果」『季刊マーケティングジャーナル』第26巻，第2号，pp.66-79。
- Koo, M. and A. Fishbach（2010），"A Silver Lining of Standing in Line: Queuing Increases Value of Products," *Journal of Marketing Research*, Vol.47（August），pp.713-724.
- Krishna, A.（2013），*Customer Sense*, PALGRAVE MACMILLAN Press（平木いくみ・石井裕明・外川択訳『感覚マーケティング』有斐閣，2016）。
- Mehrabian, A., and J. Russell（1974），*An Approach to Environmental Psychology*, Cambridge, MA: M.I.T. Press.

- Milliman, R. E (1982), "Using Background Music to Affect the Behavior of Supermarket Shoppers," *Journal of Marketing*, Vol.46, No.3, pp.86-91.
- 恩蔵直人・守口剛（1994），『セールス・プロモーション』同文舘。
- 恩蔵直人・亀井昭宏編（2002），『ブランド要素の戦略論理』早稲田大学出版部。
- 大槻博（1991），『店頭マーケティングの実際』日本経済新聞社。
- Spangenberg, E. R., A. E. Crowley, and P. W. Henderson (1996), "Improving the Store Environment: Do Olfactory Cues Affect Evaluation and Behavior?" *Journal of Marketing*, Vol.60, No.2, pp.67-80.
- 杉本徹雄編（2012），『新・消費者理解のための心理学』福村出版。

7 | マーケティング・リサーチ

平木いくみ

《目標＆ポイント》 マーケティング・リサーチとは，企業のマーケティング意思決定に必要な情報を提供するプロセスである。本章では，マーケティング・リサーチの基礎概念をおさえたうえで，さまざまなマーケティング課題に対するリサーチ方法について学んでいこう。
《キーワード》 カスタマー・インサイト，データ，定性調査，定量調査，アンケート調査，実験，観察調査，行動観察，インタビュー調査

情報が氾濫する今日の状況において，マーケティング意思決定に有用な情報を提供するマーケティング・リサーチ部門への期待は，企業においてますます高まっている。しかし，世界的に有名な飲料メーカーでさえ，かつてマーケティング・リサーチにおける問題設定を見誤り，間違った方向へ意思決定を下してしまったことがある。結果として，顧客の怒りと離反を導くという惨憺たる事態を招いてしまったのだ。この事例は，マーケティング・リサーチの難しさを物語るとともに，マーケティング・リサーチの意義やプロセスへの理解が改めて重要であることを示している。

1. マーケティング・リサーチとは

(1) マーケティング・リサーチの意義

マーケティング・リサーチとは，企業の意思決定に有用な情報を提供する一連のプロセスである。より具体的には，意思決定に必要な情報が

何かを見極め，その情報を正確かつ効率的に収集し，マーケティング戦略立案の一助として活用できるよう提示することである。しかし，有用なマーケティング戦略の手がかりとなる情報を得ることは，企業にとって容易なことではない。顧客志向を重視するマーケティングでは，近年，顕在化していない消費者の本音やニーズを示唆するデータを収集し，そこから彼らについての深い洞察（カスタマー・インサイト）を得るリサーチ手法が注目されている。消費者の無意識的行動の背後にある本音やニーズを分析し，製品開発などに応用できる気づきを得ようとする方法である。

　マーケティング・マネジャーは，リサーチに課せられた役割を果たすため，日々，市場や競合他社や消費者に関する情報を集め，それら情報を社内データベースなどの自社情報と合わせて，マーケティング意思決定に役立つ形で組織的，系統的に抽出するマーケティング・インテリ

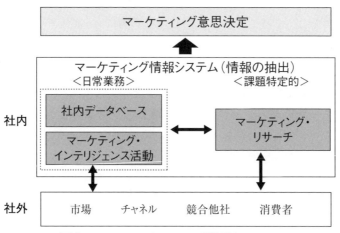

図表 7-1　マーケティング情報システム

（出所：コトラー・アームストロング・恩藏（2014），p.115を参考に筆者作成）

ジェンス活動に従事している。そのなかで，不足している情報を収集したり，明確になった問題の指針を得たりするために，企業によって課題特定的にマーケティング・リサーチが実行されていく。リサーチにより得られた情報は既存の情報と併せて吟味され，必要な情報を抽出し，意思決定に役立てられていく〔図表7-1〕。

(2) マーケティング・リサーチの利用局面

　消費者についてのインサイトや意思決定に役立つ情報を得るために，企業はどのような局面でマーケティング・リサーチを実施するのだろうか（冨田・恩藏 2011, pp. 9-11）。

　1つめは，マーケティング環境を把握する局面においてである。マーケティング戦略の実行にあたり，まず企業は市場や競合他社の動向を分析し，自社にとっての機会と脅威を把握する必要がある。例えば，市場の将来性分析のために，消費者のライフスタイル分析やニーズ探索調査が実施されたりする。

　2つめは，マーケティング戦略策定の局面においてである。企業は効果的なマーケティング戦略を立案するために，消費者を分析し，有用なインサイトを得ていかなければならない。例えば，新しいブランドのポジショニング決定において，当該カテゴリーの既存ブランドについての知覚イメージ調査を行ったり，製品開発において製品コンセプト・テストを実施したりする。

　3つめは，マーケティング成果を測定する局面においてである。広告効果測定や顧客満足度調査によって，実施したマーケティング戦略を評価し，以後の意思決定に役立てていく。

(3) マーケティング・リサーチのプロセス

マーケティング・リサーチは，調査目的の明確化，調査計画の策定，調査計画の実行，調査結果の解釈と報告というプロセスで実行される〔図表7-2〕。

最初は，マーケティングにおける問題点を特定し，調査目的を明確化する段階である。重要な点は，問題を認識するマーケティング担当者とリサーチ担当者が問題点を共有し，それら問題の原因を明らかにすることである。問題の定義は広すぎても狭すぎてもいけない。広すぎるとリサーチ担当者から不必要な情報が大量に提供されることになり，狭すぎると意思決定に重要な情報が含まれない可能性が出てきてしまう。しかし，この段階では問題があることは認識していても，その原因の特定が困難な場合も多いため，丁寧な探索的リサーチが求められる。

問題が明確化すると，具体的な調査計画の策定に入る。必要なデータを見極め，データを適切に収集するための計画を立てる作業である。その際，まず既存データを確認したうえで，不足する情報収集のための調査計画が立てられる。調査計画では，どのような方法で（観察調査，質問調査，実験等），どのような消費者を対象に（サンプリング計画），どのような手段（質問票，機械等）で実施するかが検討される。

リサーチ計画が整うと実行に移る。データを収集し，分析する段階である。質問票は目的とするデータが収集できるよう事前に精査されていなければならない。他方，回答者との直接的なやりとりを通してデータ

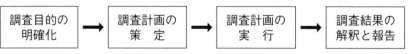

図表7-2　マーケティング・リサーチのプロセス

（出所：コトラー・アームストロング・恩藏（2014），p.119を一部改変）

を収集する観察やインタビュー調査の場合には，調査環境やインタビューアーの質問の仕方が調査参加者の回答に与える影響について，十分な配慮と検討が必要である。データが収集されると，続いてデータの集計と分析作業に入る。重要なことは，仮説どおりの結果を出すことではなく，データから意思決定に有意味な情報やインサイトを引き出すことである。データと分析が適切ならば，例え仮説が棄却されたとしても，それ自体が意思決定の重要な情報源となるからである。

最後は，調査結果を解釈し，意思決定者へ報告する段階である。分析結果をもとに，リサーチ担当者とマーケティング担当者が議論を重ね，最適な解釈を導くことが重要である。また，報告書は分析結果の数値以上に，それが意味する情報やインサイトを分かりやすく提示する工夫が重要である。

2. 調査目的とリサーチのタイプ

具体的なマーケティング・リサーチの説明に入っていこう。まずは問題を明確化し，調査目的を定める段階である。ここで仮説という概念が重要になる。仮説とは，その時点で考えられる仮の結論のことであり，例えば「味を変更すれば市場シェアは回復する」といった特定のマーケティング課題についての推論である。仮説が曖昧だったり，まず問題を把握したりアイディアを得たりしたい場合には，予備情報を集めるための**探索的リサーチ**が実行される。問題が明確になり仮説が出てくると，仮説を立証するための**検証的リサーチ**が実行されていく。検証的リサーチは，仮説に明確な因果関係があるか否かによって，さらに2つに分けられる。因果関係が明確な場合には**因果的リサーチ**が，そうでない場合には**記述的リサーチ**が実行される。一般に，マーケティング・リサーチは探索的リサーチから始まり，記述的リサーチ，因果的リサーチへと進

んでいく〔図表7-3〕。

(1) 探索的リサーチ

　仮説やアイディアの導出に有用な予備情報を集めたり，問題点の明確化を目的としたりする調査である。マーケティング担当者は，問題があることは分かっていても，それが何であるのかを把握できないことが多い。また顧客ニーズに関しても，彼らが製品に何を求め，何を重視して買っているのかという本音は往々にしてつかみ難い。そうした時，企業は探索的リサーチを実行し，得られた情報から有用なインサイトを抽出し，マーケティング上の課題を明らかにしたり，それに基づき新たな調査仮説を導出したりする。

　明確化すべき顧客ニーズのレベルによって，探索的リサーチの内容は変わってくる。第1章で説明したように，顧客が認識している①明言されるニーズは，質問票に回答してもらうことにより容易に把握することができる。また，顧客は認識してはいないが明確に有している②真のニーズに関しても，質問票やインタビュー調査の回答からの推測が可能である。例えば，「カロリー控えめ」という質問票の回答からはダイエットや健康といったニーズを読み取ることができるし，インタビュー

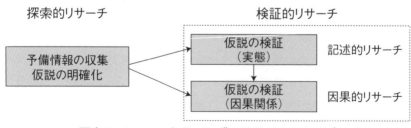

図表7-3　マーケティング・リサーチのタイプ

（筆者作成）

調査における自然な会話から参加者の本音を引き出せる場合もある。しかし，③学習されるニーズに関しては，顕在化している顧客の声を収集する質問票やインタビュー調査ではなかなか汲み取ることができない。例えばタブレット端末などの革新的製品のほとんどは，顧客に事前のニーズがあって開発されたわけではなく，当該製品が提示されて初めて欲しかったと顧客が学習したニーズである。こうしたニーズの把握には，実際に対象者の無意識的行動を見て観察し，行動の背後に潜む心理やインサイトを探り出す観察調査が有効である。

(2) 記述的リサーチ

調査課題が明確な場合，言い換えると仮説がある場合に実施されるリサーチの1つが記述的リサーチである。特定の消費者グループ，市場環境，製品などに関する仮説に基づいて，実態を把握することを目的に実施される。

記述的リサーチで収集されるデータは，ある1時点の状況を把握するクロスセクション・データもあれば，時間に沿った変化を把握する時系列データもある。前者は，新製品導入後6か月経った時点の満足度調査など，ある時点における顧客や製品の実態が分析される。データ収集には質問票が使われる場合が多い。後者は，売上データやPOSデータの分析を通して，時間の経過に伴う製品の売上変化や顧客の動向が分析される。パネルデータと呼ばれる時系列データの分析は，会員カードに登録された顧客情報とともに当該顧客の購買情報が収集されるため，ターゲットへの販売戦略に活かされている。

(3) 因果的リサーチ

調査課題が明確で，原因と結果の関係を予想する仮説が立てられる場

合には，因果的リサーチが実行される。ブランドの認知率に対してどの要因が重要なのか，Ａ案とＢ案の広告ではどちらがレスポンス率に強い影響を及ぼしているのか，というように，結果をもたらす複数の要因との間に因果関係があることを検証することが目的である。そのため，原因と結果に関わる要因以外を厳密に統制した実験という調査手法を通してデータが収集される場合が多い。

3. データの収集

　マーケティング・リサーチの実行段階では，どのようなデータを（データの種類），どのような方法で（調査方法），誰から収集するか（サンプリング）が検討される。

（１）データの種類
　意思決定に有用な情報やインサイトに変換される前の情報のことをデータという。マーケティング・リサーチを通して収集されるデータの種類について整理していこう。
　① 「１次データ」と「２次データ」
　データは「１次データ」と「２次データ」に大別される。２次データとは，既存の出版物や調査資料など，本調査とは別の目的で既に収集されているデータのことである。２次データは社外にある外部データと，社内に蓄積される内部データとに分類される。外部データには業界誌や新聞などの出版物，国勢調査などの政府関係機関が提供するデータ，会員制データベース，ウェブサイト上の情報などが挙げられる。内部データには，日々，社内に蓄積される生産，出荷，在庫に関わるデータ，販売記録，競合他社情報，顧客データなどが含まれる。
　一方，１次データとは，企業の調査目的に合わせて収集されたデータ

のことである。マーケティング担当者がマーケティング・インテリジェンス活動によって既に有している2次データだけでは得ることができない必要な情報を収集するために，マーケティング・リサーチが実行される。データ収集は，まず2次データの収集から始め，続いて不足する情報についてリサーチ計画を立て，1次データを収集していくという手順がとられる。

② 「定量データ」と「定性データ」

1次データと2次データは，その内容によって「定量データ」と「定性データ」とに分類することができる。**定量データ**とは，数値で収集されるデータのことである。小売店売上データ（POSデータ）やテレビ視聴率データなどの数値データや，質問票を通して収集される性別，年齢，満足度などの数値データが該当する。例えば，質問票の回答は「1．そう思う」から「5．そう思わない」までの5段階の数値（5点尺度）によって収集される。

一方，**定性データ**とは，数値では収集できない質的データのことであり，質問票の自由回答欄の文字情報，インタビューを通した言葉情報，観察のための映像情報が該当する。定性データには消費者の潜在的な欲求や不満が反映されていたりするため，消費者のインサイトを得る方法として注目されている。一般に，探索的リサーチの段階では観察やインタビューを通した定性データの分析から新たな気づきや発見が得られることが多く，仮説が明確になると，POSデータや質問票を通した定量データの分析からマーケティング意思決定に役立つ基礎データが得られる場合が多い。

（2） データの収集方法

2次データの収集後，不足するデータを収集したり，仮説を立証した

りするために，1次データ収集のためのマーケティング・リサーチが実行されていく。具体的には，質問調査，対面調査，実験，観察調査を挙げることができる。

(ア)　質問調査

　質問調査とは文字通り，質問に答えてもらう調査であり，消費者の状況に合わせて動機，選好，態度，満足など多種多様な情報を収集することができる。1次データ収集では最も広く使用されている。回答は，郵送，電話，オンラインといった手段を通して，質問票かインタビュアーによって収集される〔図表7-4〕。誰に対しても同じフォーマットで届く質問票は，回答にバイアスがかからずデリケートな質問にも正直な回答が得られやすいという長所がある。反面，回答者の状況に応じた内容の調整や追加的説明ができず，柔軟性に欠けるという短所がある。一方，インタビュアーとのコミュニケーションを通して収集される場合には，説明しながら調査できるため柔軟性が高いという長所がある反面，インタビュアーの質問の仕方によって回答にバイアスがかかる可能性が短所として挙げられる。これらの違いに加えて，各調査手法には以下の特徴

| | 郵送 | 電話 | オンライン | 対面 |
	質問票	インタビュー	質問票/インタビュー	インタビュー
柔軟性	×	○	○	◎
収集可能なデータ量	○	△	○	◎
インタビュアーによる影響のコントロール	◎	△	△	×
調査サンプルに対するコントロール	△	◎	◎	○
データ収集の速度	×	◎	◎	○
回答率	×	×	○	○
コスト	○	△	◎	×

図表7-4　質問調査の長所と短所

(出所：コトラー・アームストロング・恩藏（2014），p.125を一部改変)

がある。

郵送調査は，質問票を郵送し，回答に答えてもらう調査である。回答者1人あたりのコストを抑えながら多くの情報を収集することができる。しかし郵送という性質を踏まえると，実際には誰が質問票に答えたかということまではコントロールできない点や，回収率がかなり低いという課題がある。

電話調査は，電話によるインタビューを通して回答を収集する方法である。回答者に臨機応変に対応できるという点で郵送調査より柔軟性が高く，迅速に情報を収集することができる。しかし，電話調査は時間制約が高いため，1度に収集できる情報量が少なく，回答者1人当たりのコストが高くなる。

オンライン調査は，質問票でもインタビューでも実施可能なデータ収集方法である。郵送や電話に比べた場合の長所は，低コストとデータ収集のスピードにあり，電子メールやウェブサイトを通して多数の対象者に送られた質問票は即座に収集され，同時に集計や分析の作業まで実現できるようになってきている。また，時間と場所（開催地，施設など）の制約がないため，多様なターゲットへの調査可能性も高めている。こうしたコストと効率の良さから，特に質問票に関しては，オンライン調査が主流になりつつある。

　（イ）　対面調査

インタビュアーとの直接コミュニケーションを通して質的データを収集する質問調査のことを**対面調査**（もしくは質的調査）と呼ぶ。グループ・インタビューでは5～8名ほどの対象者が一堂に集まり，特定テーマについての意見が収集される。参加者の相互作用を通して多くの情報が収集できる一方で，回答が他者の意見に影響されたり，個人の深い意見まで収集することが難しかったりする。個人に関する深い情報を得た

い場合にはデプス・インタビューが実施される。1人の対象者に質問を深く投げかけていく方法であり、個人の深層心理や価値観を読み解いたり、新たな気づきを得たりするための情報収集が目的とされる。しかし、参加者には過度の心理的負担がかかってしまう点や、収集できるサンプル数が少なく、非常にコストがかかる点が短所である。

（ウ）実験

因果関係についての仮説を明らかにするための調査方法である。原因となる変数のことを**独立変数**、独立変数から影響を受ける結果変数のことを**従属変数**と呼ぶ。パッケージのリニューアルにおいて、どのパッケージ要素が製品評価に影響を与えるのかを知りたい場合、色、形、キャラクターといった独立変数を操作して、従属変数である製品評価へ与える影響が分析される〔図表7-5〕。多くの実験では、独立変数を操作した**実験群**に加え、操作を施さない**統制群**を設定し、両者の比較を通して製品評価への影響が分析される。

ABテストと呼ばれるインターネット広告の実験は、同じ訴求内容に対してデザインが異なるAとBの広告を作成し、両者のレスポンス率の違いを検証する実験である。消費者の心理状態の違いが評価に及ぼす影響を明らかにしたい場合には、異なるシナリオを読ませて対象者の心

	独立変数				従属変数
	色	形	キャラクター		
統制群	変更なし	変更なし	変更なし	→	評価
実験群	変更	変更なし	変更なし	→	評価
	変更なし	変更	変更なし	→	評価
	変更なし	変更なし	変更	→	評価

図表7-5　実験（例：パッケージ・デザインと製品評価）
（筆者作成）

理状態を調整したうえで，従属変数（製品評価等）への影響を分析するシナリオ実験が実施される。

なお，実験は実験室で行われることもあれば（ラボ実験），実際の店舗や現場を利用するフィールド実験もある。前者は原因と結果以外の要因を厳密に統制することができる一方，得られたデータが実態と乖離してしまう可能性がある。後者は，現実に即したデータが得られやすい一方，実験環境の厳密な統制が難しく，さまざまな要因の影響を完全に排除できないという難しさがある。

（エ）観察調査

消費者を観察し，ありのままの行動や状況のデータを収集する調査手法である。観察を通して収集されるデータには，定量データと定性データの両方が含まれる。観察による定量データは，主に機械装置によって消費者をモニタリングして得ることができる。テレビに装着するメータにより誰がどの番組を見たかを記録する視聴率調査，個人の顧客がいつどのような買物をしたかを記録するパネル調査などがある。最新の機械装置を利用した観察調査には，消費者の視線の動きを解析する**アイトラッキング調査**や，血流や脳波から意識や感情を測定する**ニューロマーケティング調査**がある。前者はサングラスのようなアイトラッキング装置を装着し，店舗内の製品やパソコン上の対象への視線の動きや注視時間を測定し，効果的陳列や広告デザインに反映したりする。後者は広告や製品を見せたり触れさせたりして，心地よい感情や不快な感情を脳波や血流から観察する調査である。

また小売店舗における**動線調査**（来店客の通過経路を記録する調査）は，来店客にGPS装置を持ってもらうことにより，店舗内だけでなく，より広域な商業施設での回遊行動を容易に記録できるようになってきている。こうした機械装置の進歩によって，質問票では測定できない無意

識レベルの反応についても数値での測定が可能になりつつある。しかし，機械装置はコストが高かったり，装着することが回答のバイアスとして働いたりする可能性がある。現時点では質問票などの従来の調査と組み合わせて実施される場合が多い。

　観察を通して収集される定性データは，他店舗におもむき競合価格の動向を観察したり（他店調査），新規出店にあたり付近の環境，通行人の属性などを観察したり，オンライン上で交わされる自社製品についてのさまざまな会話をモニタリングしたり，顧客に扮した調査員が接客態度を評価したりして（ミステリー・ショッパー）収集される。また近年，注目が高まっている**行動観察（エスノグラフィー）**は，生活者の日常行動の実態を観察しインタビューすることで，潜在的なニーズや問題を把握したり，消費者についての気づきを得るための調査である。例えば，マジックミラー越しに遊具室での幼児の様子を観察し，時には話しかけたりして幼児用品のマネジャーが開発のヒントを得たり，家庭での様子をビデオに撮影し，そのうえでインタビューに臨んでもらうことで製品使用における課題を探り出したりする。泡状石鹸を開発した企業は，手を洗う時に子供が肘でポンプを押す様子を記録したビデオの観察から，石鹸を押す部分の面積を広くするという改良を行っている（コトラー他，2014, pp.133）。

　他にも，調査対象となる社会集団に一定期間入り込み，行動を共にしながらメンバーを観察する**参与観察**という手法もある。特殊な社会集団（プロスポーツのサポーター・コミュニティ等）に属するメンバーの特性を把握したい場合に有効な方法である。

（3）　サンプリング

　データを収集する対象についても検討しなければならない。リサーチ

を実施する対象者のことを**標本**（サンプル）という。国勢調査のように日本国民全員が標本となる調査を**全数調査**というが，ほとんどの場合，対象となる全数の中から代表者を抽出して調査を行う**標本調査**が実施される。調査対象となる集団のことを**母集団**，母集団から標本を抽出する作業をサンプリングと呼ぶ。

サンプリングには**代表性**という原則がある。代表性とは，抽出した標本の性質が，母集団の性質を代表していなければならないという原則である〔図表7-6〕。例えば，大学生の支出行動についての調査であれば，全大学生の中から抽出された500人の大学生サンプルに調査が実施され，その調査結果は，母集団である全大学生の支出行動について推測できるものでなければならない，という原則である。

代表性を最も実現するサンプリング方法は，母集団からランダムに標本を選ぶ**無作為抽出法**である。サイコロや乱数表（無規則に数字が並んだ番号表），コンピュータのプログラムを使って，まさしくランダム

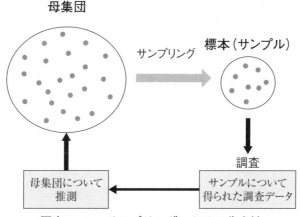

図表7-6　サンプリングにおける代表性

（筆者作成）

(無作為)に標本を選び出していく。一方,特殊な趣味や属性を有する人に調査する場合には,あらかじめいくつかの条件を設定して作為的に標本を選ぶ**有意抽出法**がとられる。性別,年齢,職業など,あらかじめ把握している母集団の属性構成比と等しくなるように標本を抽出したり(**割当抽出法**),対象者に知人を紹介してもらうことで雪だるま式に標本を増やしたりする方法などがある(**スノーボール式抽出法**)。

サンプル・サイズも重要である。一般に,定性調査のサンプル・サイズは小さく,定量調査のサンプル・サイズは大きくなる。また,複雑な分析になるほどサンプル・サイズは大きくなり,多くの変数を分析する多変量解析では,取り扱う変数の少なくとも10倍程度のサンプル数が必要となる。

4. データの分析

収集されたデータは分析され,消費者についてのインサイトを得たり,意思決定の指針となる有用な情報を抽出したりしていかなければならない。近年では観察やインタビューを通した質的データの分析も進んでいるが,ここでは最も利用頻度が高い質問票により収集される量的データの分析を取り上げよう。

質問票では複数の測定尺度を用いることによってさまざまな情報が収集される〔図表7-7〕。例えば,性別についての情報は男性=「1」,女性=「2」という対象を識別する意味だけを有する**名義尺度**で測定される(「1」と「2」という名義尺度に数字上の大小の意味はない)。また,飲料ブランドの選好順位は**序数尺度**で測定され(「1」や「2」は順位を示しているが,「1」と「2」が選好においてどれほど違いがあるかは測定できない),満足度は「そう思う=1」から「そう思わない=5」という**間隔尺度**で測定される(数値の違いに間隔的な意味が備

	尺度の目的	例	代表値の考え方
名義尺度	対象の識別	性別，年齢，地域，ブランド名 （1.男性　2.女性）	最頻値
序数尺度	順序	ブランドの選好や態度などの順位 （1位（　　　），2位（　　　），…）	中央値
間隔尺度	間隔	ブランドの認知度，満足度，気温 （1.そう思う ～5.そう思わない）	平均値
比例尺度	絶対的な大きさ	重量，売上，時間，購買者数	幾可平均 調和平均

図表 7-7　測定尺度

（出所：和田，恩藏，三浦（2012），p.89を一部改変）

わっている。「そう思う＝1」と「ややそう思う＝2」の違いは，「あまりそう思わない＝4」と「まったくそう思わない＝5」の違いと同じである）。また，間隔尺度の特性に絶対的な「0」を伴った比例尺度は売上高や広告費などの測定に利用される。測定尺度の種類によって分析手法が異なり，名義尺度から比例尺度へ進むほど，高度な分析に対応可能な情報が収集される。

　例えば，「男性と女性では満足度に違いがある」という仮説を検証する場合，名義尺度で収集された男女を識別する回答と，間隔尺度で収集された満足度を測定する回答に対し，男女という2つの対象それぞれの満足度の平均値に違いがあるかがt検定という方法で分析される。また，売上高に影響を及ぼす店舗要因を分析する場合には，間隔尺度で測定された環境，従業員，品揃えといった店舗要因（原因）の評価値と，比例尺度で測定された売上（結果）との関係が回帰分析によって分析される。

　結果の報告の段階では，回答の数，平均，分散などを単純集計したり，

それらをグラフで視覚的に提示したりして，データの傾向を示す必要がある。そのうえで，仮説の検証結果や消費者についてのインサイトを分かりやすく提示した資料を作成し，マーケターの意思決定に役立てるべきである。

研究課題

1）あなたが売上不振に悩む小売店舗のマネジャーだった場合，来店客に対してどのようなマーケティング・リサーチを実行するか考えてみよう。
2）新たな製品アイディアやコンセプトを得たい場合，どのようなマーケティング・リサーチを実施すればよいかを考えてみよう。

参考文献

・コトラー・フィリップ＝ゲイリー・アームストロング＝恩藏直人（2014），『コトラー，アームストロング，恩藏のマーケティング原理』丸善出版。
・恩藏直人・冨田健司（2011），『1からのマーケティング分析』碩学舎。
・和田充夫・恩藏直人・三浦俊彦（2012），『マーケティング戦略 第4版』有斐閣。

8 | 製品戦略

芳賀康浩

《目標＆ポイント》 本章では，マーケティングにおける製品のとらえ方，最適な製品の組み合わせ，製品開発といった製品に関する意思決定について解説する。また，マーケティング戦略の課題を分析する際の基礎概念である製品ライフ・サイクルも紹介する。

《キーワード》 最寄品，買回品，専門品，製品アイディア，製品コンセプト，製品ミックス，製品ライフ・サイクル，新製品開発

　第1章で述べたとおり，マーケティングの本質は「売れるものをいかに生産するか」という点にあり，この意味で「いかなる製品を顧客に提供していくか」という問いがマーケティングの出発点と言えるだろう。この問いに関わる意思決定が製品戦略であるが，その内容は多岐にわたる。マーケティングにおける製品戦略は，一般に「最適な製品ミックスを形成することにかかわる諸活動」（宮澤 1995, p. 92）と定義される。ここで，最適な製品ミックスとは，企業のマーケティング目標を達成するような製品の構成を意味する。現在では，企業は複数の製品を有しているのが普通であり，単一の製品しか持たない企業はほとんどない。最適な製品ミックスという概念は，企業はその有する製品が全体として企業の成長や収益に最大限寄与するように構成されていなければならないことを明確に表現している。個々の製品についてさまざまな意思決定がなされるが，その際に製品群全体の中での位置づけや役割が常に考慮されていなければならないのである。本章ではこのような認識のもとに，

製品戦略の諸側面を検討していく。

1. 製品の分類

現代の社会では極めて多種多様な製品が生産され販売されている。これらの製品の分類方法も数多くあるが，マーケティングにおいてはその基本発想である顧客志向に鑑みて，顧客の購買行動との関連で分類するのが有効である。その代表的なものとして，Copeland (1923) による消費財の分類が挙げられる。これは，消費財を最終消費者の購買慣習によって，最寄品，買回品，専門品に分類するものである。それぞれの内容，購買の特徴，マーケティング戦略への示唆は次のように要約できる (Kotler 2000, 訳書, pp. 488-489；懸田 2001, p. 125)。

① 最寄品

最寄品とは，消費者が最小限の購買努力で購入しようとする製品であり，食料品や日用雑貨がその典型例である。日常的な生活維持のために購入される必需品，衝動的に購買される衝動品（ガムや雑誌など），緊急時に必要とされる緊急品（風邪薬や傘など）に分類することもできる。一般に低価格で購入頻度は高く，近隣店舗で購入される。したがって，最寄品のマーケティングにおいては，多くの小売店に配荷することが必要になる。

② 買回品

買回品とは，消費者が広告情報を探索したり，複数の小売店舗を買い回ったりすることによって，価格，品質，スタイルなどを比較検討して購入する製品である。この例として，衣料品，家電などが挙げられる。製品選択において，価格が比較検討される買回品を同質品，価格以外の品質やスタイルが比較検討される買回品を異質品と呼ぶこともある。

一般に中程度の価格帯で，購入頻度は低く，商業集積で購入される。

買回品のマーケティングにおいては，同質品では価格訴求が重要になり，異質品では品質やスタイルでの差別化や販売員などによる説得的コミュニケーションが重要になる。

　③　専門品

　専門品とはユニークな特性や高いブランド・イメージを持つために，その購入に消費者が努力をいとわない製品である。専門品の場合，消費者が購入するブランドは買物出向前に決まっている（ブランド指名買い）。高級衣料品や身の回り品，高級車などがこの例である。一般に，高価格で購入頻度は低く，特定店舗で購入される。

　専門品のマーケティングにおいては，その製品の特性やイメージに適した店舗選択やプロモーションによって，ブランド・ロイヤルティを確立・維持することが戦略の焦点となる。

2. マーケティングにおける製品概念

　私たちの周りには，多種多様な製品があふれている。ここでは製品の本質を検討することによって，マーケティングにおける製品の捉え方を確認しよう。

　一般に製品というと具体的な形態を持つ物理的な「モノ」としてとらえられることが多い。しかし，消費者がその製品を買うのはその物理的なモノ自体を求めているのではなく，その製品の所有・使用・消費を通じて得られるニーズや欲求の充足を求めているためである。Levitt（1960）が指摘したように，「消費者はドリルではなく穴を買っている」のである。

　このような考え方に基づいて，マーケティング志向の企業は物理的な製品そのものよりも，むしろ製品のもたらすベネフィットを消費者に対する提供物であると考えている。レブロン社の創始者チャールズ・レブ

ソンの「我々は工場では化粧品を作っているが，店頭では夢を売っている」という有名な言葉は，このような考え方を端的に表したものである（恩藏 2012, p. 174）。この消費者が求めるニーズや欲求を充足するベネフィットこそが製品の本質であり，製品の中核であると考えられている。この製品の中核レベル，つまり標的顧客のベネフィットという観点から製品を説明したものを**製品コンセプト**と呼ぶ。この製品コンセプトが標的顧客のニーズに適合しているか否かが製品戦略，さらにはマーケティング戦略の成否に大きな影響を与える（沼上 2000, pp. 12-18；上原 1999, pp. 129-130）。

このように，製品の本質はそれが消費者にもたらすベネフィットであると考えられるが，このベネフィットを実際に消費者に提供するためには物理的な製品に具体化しなくてはならない。つまり，製品の本質であるベネフィットを実現する手段として，一定のスタイル，パッケージ，ブランド，品質，成分などを付与することによって，通常我々が店頭で目にする製品として実体化するのである。したがって，この製品を実体化する諸要素は，企業の技術的制約条件のもとで，最も効果的にその中核ベネフィットを実現するように組み合わせられなければならない。なお，この製品の実体レベル，つまり客観的かつ機能的な観点から製品を説明したものは，製品コンセプトとの対比で**製品アイディア**と呼ばれる。

また，製品に実体を与える諸要素は，製品の中核ベネフィットを実現する手段であるだけでなく，優れたデザインやパッケージなどのようにそれ自体もまた消費者に何らかの満足を与え得るという意味で付加的なベネフィットを持つということも重要である。製品の実体は消費者にとって「見える」部分であり，まさに製品の顔として製品コンセプトを消費者に対して表現し，消費者が製品の本質を判断したり製品を選択したりする際の主要な手がかりとなるためである（沼上 2000, p. 15）。

このように，マーケティングにおける製品は，それが消費者に与えるベネフィットと物理的要素が結合したものと考えられる。

しかし，現代のマーケティングにおける製品の構成要素はこれだけでは不十分である。物理的な実体としての製品の提供に伴うアフター・サービス，設置，配送，クレジット，保証などの付帯サービスも製品の構成要素としてとらえなくてはならない（Kotler and Armstrong 1997，訳書，p. 270）。製品の本質が消費者のニーズや欲求の充足にあるとするならば，製品は物理的な実体として存在するだけではその価値を実現しているとは言い難い。例えば，エアコンは消費者の家に配送され，設置され，操作されてはじめて消費者のニーズを充足することができる。食品も食事場所に運ばれ，調理され，配膳され，食べられてはじめて消

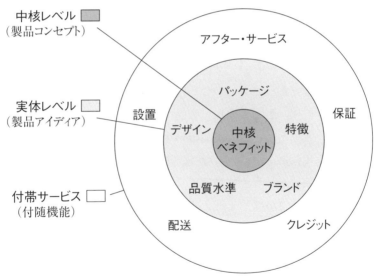

図表8-1　製品の3つのレベル

（出所：Kotler and Armstrong（1997）訳書，p. 270，図8-1を一部改変。）

費者のニーズを満たすことができる。使用・消費に専門的技能や知識が必要なものの場合，サポート・サービスが必要になることもある。

　このような製品の実体を使用・消費するために必要な行為が売り手によって提供される時，これらの行為は付帯サービスと呼ばれることになる。これらの付帯サービスは製品の実体を有効かつ効率的に使用・消費しやすくするのみならず，場合によってはそれなしでは使用・消費できないこともあるということを考慮すると，これらのサービス自体もまた付加的なベネフィットを持ちうる製品の重要な構成要素と考えられる（上原 1999, p. 130）。この付帯サービスのレベルは製品の付随機能と呼ばれる。

　以上のように，マーケティングにおいては，製品は中核，実体，付帯サービスの3つの層からなる「ベネフィットの束」としてとらえられている〔図表8-1参照〕。

3. 製品ライフ・サイクルと製品ミックス

　いかなる製品であっても，いつかはそれに対する需要を失い市場から姿を消す。つまり，生物と同様，製品にも誕生（市場導入）から死（撤退）に至る一生がある。この製品の一生のことを**製品ライフ・サイクル**（product life cycle；PLC）と呼び，市場導入から撤退までの当該製品の売上高曲線で示される。製品ライフ・サイクルの長さや形状は製品ごとに異なるが，いつかは死を迎えるということだけはあらゆる製品に共通する。このことが，存続・成長を究極の目的とする企業が単一製品ではなく複数製品からなる製品群（製品ミックス）を持たなければならない理論的な根拠となっている。

　本節では，この製品ライフ・サイクルを考慮することによって得られるマーケティング戦略の定石と企業の製品ミックスの管理への示唆につ

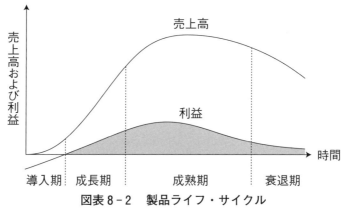

図表8-2 製品ライフ・サイクル
(出所：Kotler（2000）訳書，p. 379，図10-4。)

いて解説する。

(1) 製品ライフ・サイクルとマーケティング戦略

　先述のとおり製品ライフ・サイクルの形状は製品ごとに異なる。しかしながら，一般に規範的な製品ライフ・サイクルとして〔図表8-2〕のようなS字型曲線が仮定され，4つの段階に区分されることが多い。そして，製品ライフ・サイクルの各段階の特徴が示され，その特徴から導き出された戦略定石が提案されている（Kotler 2000，訳書，pp. 378-394；沼上 2000，pp. 69-89）。

　① 導入期

　新製品が市場に導入されたばかりで，売上高の伸びが緩慢な期間である。市場導入に至るまでにかかった開発費を回収し，当該製品が企業の収益に貢献するようにするためにも，早く市場を急拡大させる，つまり次の段階である成長期に移行させることがこの時期のマーケティング戦略の目的である。つまり当該製品の普及の足がかりを確立することを目

指さなくてはならない。

　新製品の普及を阻害する要因は数多くあると考えられるが，あらゆる新製品に共通する要因として，それが新製品であるがゆえの認知度，理解度の低さが挙げられる。したがって，まず当該製品の存在を認知させたうえで，革新度の高い製品であればその製品の持つベネフィットや使用方法を，模倣的新製品であるならばその差別的優位性や新奇性などを消費者に理解させることがこの段階におけるマーケティング戦略の中心課題となる。そのためには，消費者に対してマス広告による認知度の向上やセールス・プロモーション（SP）によるトライアルの促進を図るほか，流通業者に対してもトレード・プロモーションなどによって当該製品の取扱いの促進を図らなくてはならない。

　売上高が少ないうえに，このようなプロモーション費が必要となるためこの段階の利益はマイナスであることが多い。

　② 成長期

　導入期のマーケティングに成功し新製品が大衆に採用されるようになると，製品ライフ・サイクルは売上高が急速に伸びる成長期に移行する。また，この段階では売上高の伸びに伴って利益も出るようになる。

　成長期の特徴は，このような市場の急成長をみて市場機会を察知した企業の参入が相次ぎ，類似製品が増え競争が激化するという点である。したがって，自社ブランドに対する選好を獲得し，当該市場において市場シェアを拡大し，競争上の有利な立場を築くことがマーケティング戦略の目的となる。そのために，広告を製品に対する認知や理解を高めるものから，自社ブランドへの選択的需要を喚起するための説得的なものへと転換したり，新たな販路を開拓して幅広い市場カバレッジを実現しなくてはならない。また，差別化のために生産技術の進展に応じて製品改良を行い，機能や品質を向上させなくてはならない。

さらに，成長市場で市場シェアを拡大するためには，市場全体の成長率よりも高い売上高の伸び率を確保しなくてはならないが，市場の成長率が高ければ高いほど，それについていくために多額の設備投資が必要になる。このように競争対応のためのマーケティング・コストや設備投資のために，利益は増加するものの，その伸び率は売上ほどではない。

　　③　成熟期

　成長期において大衆がひととおり当該製品を採用してしまうと，新規需要はほとんどなくなり，買い替えと買い増しが需要の大部分を占めるようになる。そのため，売上高の伸びも市場全体の成長も鈍化する。このような段階が成熟期である。

　このような状況下で，自社ブランドの売上高を伸ばすためには，競合ブランドの市場シェアを奪わなくてはならない。つまり，自社ブランドに対するブランド・ロイヤルティを構築して既存顧客を維持しつつ，競合他社の顧客のブランド・スイッチを促進することがマーケティング戦略の目的となる。

　しかし，この時期に競合他社から市場シェアを奪うことは容易ではない。市場規模が大きければ大きいほど，成長期における設備投資競争による選別が進んでおり，体力のある企業だけが残っているためである。つまりこの段階においては，豊かな経営資源を持つ強力な企業同士の市場シェアの奪い合いという過酷な競争が始まるのである。また，一般にこの段階では生産技術も成熟していることが多く，機能や品質といった面での差別化が困難になるため，差別化はイメージや付加的サービスなどの副次的な部分に頼らざるを得ないことが多い。

　このような状況に鑑み，近年の顧客満足研究は，成熟市場においては市場シェアを拡大することよりも，市場シェアを維持することにマーケティング戦略の焦点をおくべきことを示唆している。こうした研究では，

成熟市場において，特に競争が激しい場合には新規顧客の獲得に力を注ぐより，既存顧客の満足度を高めその離反率を低下させる努力をしたほうが，収益性の向上への寄与は大きいということが主張されている。「既存顧客の維持」という一見消極的とも思える守りの姿勢が，将来の成長の糧である利益を増加させるのである（久保田 2000）。

④ 衰退期

CD がレコードに，DVD がビデオテープに取って代わったように，新技術を伴う革新的な代替製品が登場すると従来の製品の市場は縮小し始め，個々のブランドの売上高と利益も減少していく。このような段階が衰退期である。技術革新の他に，消費者の嗜好の変化，法規制，自然環境の変化などのマクロ環境の変化はいずれも製品ライフ・サイクルを衰退期へと導く契機となりうる。

この段階では，新市場開発や新用途開発により製品ライフ・サイクルの延命策を講じるか，追加投資を抑えて一時的に収穫に徹し，タイミングを見計らって撤退するか，残存者利益を求めて維持するかという選択肢が検討される。

（2） 製品ミックスの管理

製品ライフ・サイクルという概念は企業が存続するためには複数の製品を持つことが必要であることを教えてくれる。単一製品しか持たない企業は，たとえそれがヒット商品であっても，いつか迎えるその製品の衰退期とともに衰退し市場から姿を消すことになるだろう。そのような事態を避けるためにも企業は複数の製品を持つ。企業の持つ全製品の集合を製品ミックスと呼ぶ。企業はその存続・成長のためには，ただ単に複数の製品を持てば良いのではなく，その製品群が最も効率的かつ効果的に企業の存続・成長に寄与するように最適な製品ミックスを構築・管

理しなくてはならない。

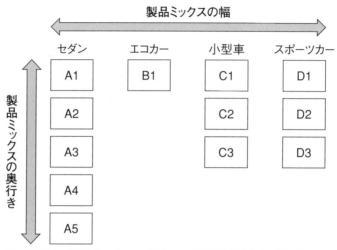

この例では，製品ミックスの幅は4，奥行きは平均3（セダン・ラインが5，エコカー・ラインが1，小型車ラインが3，スポーツカー・ラインが3），長さが12となっている。

図表8-3　製品ミックス（乗用車の例）

(出所：宮澤（1995）pp. 118-119；沼上（2000）p. 19，図1-1を参考に作成。)

　製品ミックスを管理するにあたり，製品ミックスの幅，奥行き，長さ，および整合性といった分析次元を理解する必要がある。

　製品ミックスの幅とは，製品ミックスに含まれる製品ラインの数である。ここで，**製品ライン**とは，物理的性質，用途，価格帯，流通経路，顧客層，生産技術など，何らかの類似点に基づいて，同一のマーケティング管理の対象としてグループ化された製品群のことである（Kotler and Armstrong 1997, 訳書，p. 295）。なお，製品ラインという製品群

の単位は,企業の管理目的に合わせて設定された恣意的なものであることに注意すべきである。したがって,巨大な製品ミックスを持つ企業の場合には,製品ラインの中に下位の製品ラインが存在するような場合もある。

製品ミックスの奥行きとは,製品ラインに含まれる製品アイテム(製品品目)の数である。**製品アイテムとはサイズ,カラー,型,品質,価格,スタイル,成分などによって識別可能な製品の最小単位である。**

製品ミックスの長さとは,製品ミックスに含まれる製品アイテムの総数である。製品ミックスの幅,奥行き,および長さは〔図表8-3〕のように表すことができる。

製品ミックスの整合性とは,製品ミックスに含まれる製品ライン間の関連性の度合いである。一般に,範囲の経済性を重視して,経営資源の利用効率を高めようとすると整合性は高くなり,成長とリスク分散を重視して,経営資源を拡散的に利用すると整合性は低くなると考えられる(伊丹・加護野 1989, pp. 100-101)。

これらの4つの次元に基づいて,製品ミックスの拡大,縮小,更新といった,製品ミックス・レベルの意思決定が行われることになる。

4. 新製品開発

製品ライフ・サイクルの議論は,企業が存続・成長していくためには常に新製品を導入しなければならないことも含意している。いったん最適な製品ミックスを構築したとしても,新製品を開発・導入しなければ,いずれすべての製品が衰退期を迎えることになるからである。新製品が「ダイナミックに成長する企業の血液」(宮澤 1995, p. 100)と言われる所以である。特に現代のようにニーズの多様化・個性化の進展,競争の激化,技術の進歩などが著しい状況においては,製品のライフ・サイ

クルが短縮化する傾向にあるため，新製品をスピーディーに開発し，成功裡に市場導入することが企業の存続・成長のためにますます重要になっている。

(1) 新製品の意味

新製品とは文字通り「新しい製品」のことであるが，その新しさの水準はさまざまである。製品の新しさを知覚する主体，つまり当該製品の売り手である企業と買い手である市場にとっての新しさに基づいて〔図表8-4〕のように新製品を分類することができる（Assael 1998, p. 3.11）。

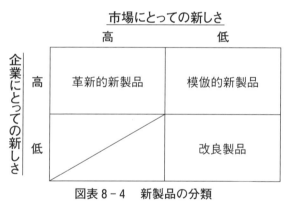

図表8-4　新製品の分類

（出所：Assael（1998）p. 3.11, figure 3.3を参考に作成。）

① 革新的新製品…市場にとっても企業にとっても新しい製品。それまでにはなかった新市場を創造するような非常に革新的な製品。
② 模倣的新製品…市場にとっては新しくないが，企業にとっては新しい製品。既に確立された市場へ新規参入するような，いわゆる「我が社の新製品」。

③ 改良製品…市場にとっても企業にとっても新しくないが，既存製品の品質，機能，パッケージなど，何らかの点で改良を加えた製品。

革新的新製品を開発することができれば，当該市場において先発優位性を獲得することができる。しかし，革新的新製品を生み出すことは容易ではない。技術的なブレイクスルーや，優れたカスタマー・インサイトに基づく斬新なアイディアが必要なためである。実際に，市場導入される新製品のほとんどが模倣的新製品あるいは改良製品である。

(2) 新製品の開発プロセス

企業が存続・成長していくためには新製品が不可欠だが，新製品が成功するのはたやすいことではない。実際，多くの企業が次々と新製品を市場導入しているが，その成功率は極めて低い。コンビニエンス・ストアの店頭で，スナック菓子や清涼飲料の棚を見ていると一部の定番ブランドが常に陳列されている一方で，入れ替わり立ち替わり多くの新製品が登場していることが分かるだろう。成長期を迎えることのできるブランドがいかに少ないかを感じさせられる現象である。

新製品の成果に影響を及ぼす要因は数多くあるが，新製品の市場導入に先駆けて行われる新製品開発を構成する諸活動が，体系的に行われることが重要である。つまり，新製品の成功率を高めるためにも，新製品開発は場当たり的に行うのではなく，一定の手順を踏んで行わなくてはならない。一般に新製品開発は〔図表8-5〕のようなプロセスで行われる（Kotler 2000，訳書，pp. 415-442）。

① アイディアの探索

新製品開発の出発点は，新製品のためのアイディアを収集・創造することである。有望でユニークなアイディアを得るためにも，まず多くのアイディアを社内・社外から収集しなければならない。

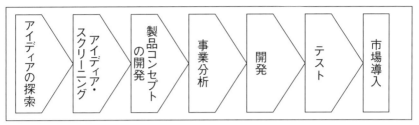

図表 8-5　新製品の開発プロセス
（出所：宮澤（1995）p. 103, 図 5-4 ; Kotler（2000）訳書, p. 416, 図11-1 を参考に作成。）

　社内のアイディアの源泉としては，トップ・マネジメント，販売部員，研究開発部員，製造部員，購買部員，マーケティング・スタッフなどが挙げられる。
　社外のアイディアの源泉としては，消費者，流通業者，発明家，広告会社，市場調査会社，大学・研究機関，業界団体などが挙げられる。
　また，自らアイディアを創造する必要もある。この際の出発点となるものにニーズとシーズがある。ニーズ志向のアイディア創造は，消費者調査によって消費者のニーズを把握し，これに基づいてアイディアを創造するという方法であり，シーズ志向のアイディア創造は，自社の持つ独自技術に基づいてアイディアを創造するという方法である。これまで，マーケティングの基本発想が顧客志向であることから，ニーズ志向のアイディア創造が重視されてきた。ところが，近年ではシーズ志向の重要性が見直されてきている。その理由として，消費者は最新技術の可能性について十分な知識を有していないこと，消費者は自らの潜在的ニーズを表現できないことなどが挙げられており，いずれもニーズ志向では革新的なアイディアを生み出すことが困難であることが指摘されている（恩蔵 2001, pp. 236-243；和田 1998, pp. 163-164；石井 1993, pp.

26-43)。その一方で，いかに優れたシーズであってもニーズがなければシーズはシーズ（種）のままであり製品という実になることはないため，結局，ニーズとシーズをうまく適合させることが重要である。

② アイディア・スクリーニング

多くのアイディアを収集・創造できたとしても，これらすべてについて開発を進めていくのは非効率的である。そこで，いくつかのアイディアに絞り込む必要がある。このアイディアの絞り込みがアイディア・スクリーニングである。

スクリーニングの基準としては，自社の企業理念・目的やイメージとの適合度，既存製品との相乗効果，自社の技術や資金などの経営資源，自社のマーケティング能力，市場の魅力度，市場参入の容易さ，社会規範や法律などとの適合性などが挙げられる。スクリーニングの基準があまりに保守的であると，優れたアイディアを捨ててしまう「ドロップ・エラー」を生じ，反対に基準が曖昧であると，可能性の低いアイディアを以降の段階へ進めてしまう「ゴー・エラー」を生じることになる。

③ 製品コンセプトの開発

製品に対する消費者の反応を確認するためにも，製品アイディアは製品コンセプトに変換されなくてはならない。第2節で示したとおり，製品アイディアとは客観的かつ機能的な観点から製品を説明したものであるのに対し，製品コンセプトとは標的顧客のベネフィットという観点から製品を説明したものである。例えば，「1300cc，5人乗りの小型自動車」という製品アイディアは，「主婦が子どもを連れて買物をするのに便利な自動車」という製品コンセプトに変換される。これにより，消費者の当該製品に対する評価をテストすることができ，マーケティング戦略立案の基礎となる製品のポジショニングを描くことができるようになる。

④ 事業分析

製品コンセプトを開発しテストしたら，暫定的なマーケティング戦略を立案し，そのもとでの売上高，コスト，利益などを予測しなければならない。このような新製品の経済的評価のみならず，特に近年では，新製品の社会環境や自然環境への影響を綿密に評価することも必要である。

⑤ 開発

この段階で製品コンセプトは具体的な形を持った製品に変換される。研究開発部門や技術部門でプロトタイプが作成され製品仕様が決定されることになる。このプロトタイプの作成にあたっては，使用時の安全性や製造コストが基準を満たしていることに加え，製品コンセプトが具体化されていなくてはならない。例えば，先述の「主婦が子供を連れて買物をするのに便利な自動車」という製品コンセプトは，スライド・ドアやハッチバックといった製品属性に具体化されることになる。

⑥ テスト

開発を終えた製品に機能テストと消費者テストが行われる。機能テストとは，実験室で製品使用時の機能を試験するもので，アルファ・テストとも呼ばれる。消費者テストは，消費者に製品を使用してもらい，その結果をフィードバックしてもらうもので，ベータ・テストとも呼ばれる。これらのテストの結果に基づき製品に改良が加えられる。

また，この段階では当該新製品のマーケティング戦略の実行可能性を確かめるために，限定された市場においてテスト・マーケティングが行われる。テスト・マーケティングを行うことによって大きな失敗を避けることができ，この結果に基づいてマーケティング戦略が修正され，当該新製品の本格的市場導入の可否が検討される。

⑦ 市場導入

テストの結果を踏まえて本格的なマーケティング戦略が策定され，生

産体制の整った新製品は，実際に生産され市場導入されることになる。この際，発売のタイミングや発売を開始する場所なども検討する必要がある。

　近年では，以上のようなプロセスに沿って製品開発を行うというだけではなく，このプロセスを短期間で完了させる，つまり製品開発プロセスのファスト・サイクル化の重要性が指摘されており，そのための方法として各段階をオーバーラップさせて同時進行させるラグビー型の製品開発などが提案されている（恩藏 1995, pp. 133-152）。

研究課題

1 ）いくつかのブランドを取り上げ，その製品コンセプトが何であるかを考えてみよう。
2 ）具体的な製品あるいはブランドを 1 つ取り上げ，その製品ライフ・サイクル上の段階とマーケティングの特徴を考えてみよう。

参考文献

・Assael, H. (1998), *Marketing*, Harcourt Brace & Company.
・Copeland, M. T. (1923), "Relation of Consumers' Buying Habits to Marketing Methods," *Harvard Business Review*, Vol. 1, No. 3, pp. 282-289.
・石井淳蔵（1993），『マーケティングの神話』日本経済新聞社。
・伊丹敬之・加護野忠男（1989），『ゼミナール経営学入門』日本経済新聞社。
・懸田豊（2001），「製品戦略」日本マーケティング協会編『マーケティング・ベーシックス―基礎理論からその応用実践へ向けて―第二版』同文舘出版，第 6 章所収，pp. 121-142。
・Keller, K. L. (1998), *Strategic Brand Management*, Prentice-Hall（恩藏直人・亀

井昭宏訳（2000），『戦略的ブランド・マネジメント』東急エージェンシー）．
・Kotler, P. (2000), *Marketing Management,* Millennium ed., Prentice-Hall（恩藏直人監修・月谷真紀訳（2001），『コトラーのマーケティング・マネジメント ミレニアム版』ピアソン・エデュケーション）．
・Kotler, P. and G. Armstrong (1997), *Marketing: An Introduction,* 4th ed., Prentice-Hall（恩藏直人監修・月谷真紀訳（1999），『コトラーのマーケティング入門 第4版』ピアソン・エデュケーション）．
・久保田進彦（2000），「顧客リテンション」『マーケティングジャーナル』日本マーケティング協会，第19巻，第4号，pp. 105-115。
・Levitt, T. (1960), "Markting Myopia," *Harvard Business Review,* Vol. 38, No. 4, pp. 45-56.
・沼上幹（2000），『わかりやすいマーケティング戦略』有斐閣。
・宮澤永光（1995），『基本マーケティング』白桃書房。
・恩藏直人（1995），『競争優位のブランド戦略』日本経済新聞社。
・恩藏直人（2001），「商品開発の革新」早稲田大学商学部編『ヒット商品のマーケティング』同文舘出版，第8章所収，pp. 231-245。
・恩藏直人（2012）「製品対応」和田充夫・恩藏直人・三浦俊彦『マーケティング戦略〔第4版〕』有斐閣，第8章所収，pp. 173-196。
・上原征彦（1999），『マーケティング戦略論』有斐閣。
・和田充夫（1998），『関係性マーケティングの構図』有斐閣。

9 ブランド戦略

平木いくみ

《目標&ポイント》 モノが溢れる市場環境において，ブランドは他社製品ではなく自社製品が選ばれる理由をつくり出す。本章では，マーケティングにおけるブランドの役割を理解したうえで，企業が競争優位を獲得するために展開するさまざまなブランド戦略について解説する。
《キーワード》 ブランド・エクイティ，顧客ベースのブランド・エクイティ，ブランド要素，二次的ブランド連想，ブランド拡張

ブランドとは何かと聞くと，多くの人は高級ブランド品の名前を挙げるだろう。それらはブランドの好例であるが本質ではない。ブランドの本質は自社製品と他社製品とを区別する機能にあり，そうした機能こそが自社製品に価値をもたらし，企業の競争優位の源泉となっている。同一市場における企業間の競争はますます厳しさを増している。そうした状況のなかで，競合他社と差別化し，自社製品に価値を生み出すブランドの力は，企業にとってますます重要になってきている。

1. ブランドとは何か

(1) ブランドの定義

ブランドは，古ノルド語で「焼印をつけること」を意味する「brandr」が語源である（Keller 2013, 訳書, pp.2）。ノルド地方の遊牧民が，自分の家畜と他者の家畜を容易に識別するために，自分の家畜に焼印をつけたことが始まりである。この概念がビジネスの世界に導入

され，ブランドは自社の製品やサービスを，他社の製品やサービスと区別する手段として認識されるようになった。アメリカ・マーケティング協会によると，ブランドは次のように定義される。

「ブランドとは個別の売り手，もしくは売り手集団の製品やサービスを識別させ，競合他社の製品やサービスと差別化するためのネーム，言葉，記号，シンボル，デザイン，あるいはそれらを組み合わせたものである」。この定義の中で，ネーム，ロゴ，シンボル，デザインといった製品間の区別を可能にする手段はブランド要素と呼ばれている。したがって，同じニーズを満たすよう設計された製品の中で，自社独自のブランド要素によって他社製品とは明らかに区別された製品がブランドなのである。

(2) ブランドの機能

焼印は家畜の識別にとどまらず，次第に家畜の所有証明や品質保証といった多様な役割を担うようになっていく。同様に，現在のブランドにも，単なる識別だけにはとどまらない，多様な機能が認識されている。ブランドに備わる基本機能を確認しておこう（久保田 2002, pp.3-5）。

第1の機能はブランドの識別機能である。これは自社製品を他社製品から区別するというブランド本来の機能である。我々が胸に施されたホースマークを見て「ラルフローレン」のポロシャツだと認識できたり，街中にある店舗のロゴやカラーを見て容易にマイバンクを探し当てたりできるのは，ブランドに備わる識別機能のためである。

第2の機能はブランドの差別化機能である。「ラルフローレン」のポロシャツは伝統がありオシャレだと感じる一方で，「ユニクロ」のポロシャツは実用的で経済的だと感じるように，識別したブランドに違いを知覚させる機能である。差別化機能はイメージの知覚だけにはとどまら

ず，味の知覚や価格の感じ方にも影響を及ぼす。例えば，ブランド・ネームを伏せた場合と見せた場合とで，消費者は同じ製品にもかかわらず両者を異なる味であると知覚する。また同じ革の鞄が，ノーブランドであった場合と，有名ブランドのロゴがついている場合とを想像してみてほしい。それぞれの製品に対して我々が感じる金銭的価値は，明らかに異なってくるだろう。ブランドが製品に価値を生み出す力は，消費者の知覚を変える差別化機能によるものである。

　ブランドの差別化機能は，消費者の顕示欲を満たしたり，自己表現を手助けする手段となる。知覚されるブランド間の違いを利用して，他者との違いをアピールできるからである。所有するブランドと社会的地位の連想が密接に結びつく高級時計や自動車がまさに好例である。

　第3の機能はブランドの保証機能である。これまでのマーケティング・プログラムや使用経験から，我々はブランド間の違いを認識し，自分のニーズを満たすブランドを知っている。こうした知識が当該ブランドを保証するような役割を果たし，次回購買に伴う探索コストや知覚リスクを引き下げてくれる。また，実際に試さないと良さが判断できない経験財や高度な知識が必要な専門品を購入する際，我々は有名ブランドに頼る傾向がある。これは，有名ブランドのイメージや知名度が当該ブランドのパフォーマンスについての推論を容易にし，知覚リスクを引き下げる役割を果たすからである。

(3)　企業がブランドを重視する背景

　ブランドが有するこうした機能は，企業におけるブランドの重要性をますます高めている。その背景には，企業を悩ます次のような状況がある。

　1つめは，コモディティ化の進展である。コモディティ化とは製品の

実質的な部分での差別化が困難になり，どのブランドを取り上げてみても基本品質において大きな違いが存在していない状況である（恩藏 2007, pp.2）。今や日用品からサービス製品に至るあらゆる市場において，ブランドが外されると，製品間の品質面での違いはほとんど認識できないと言われている。コモディティ化が進むと，消費者が自社ブランドを積極的に選ぶ理由が失われてしまうため，価格競争に陥りやすい。

2つめは，企業の新製品追加によるブランドの増加である。ブランドが増加することは買物に楽しみを与え，消費者のニーズを満たす有効な手段である。そのため，企業は成功したブランドの力を利用して，同一カテゴリーにバリエーションを増やしたり，新しいカテゴリーに進出したりしてブランド拡張を続けてきた。今や茶系飲料カテゴリーのブランド数は1,000を超え，小売店では最少在庫単位（stock keeping unit; SKU）が伸び続けているという。しかし一方で，多すぎる選択肢は消費者を混乱させ，選択を回避させるという情報過負荷という状況を引き起こしてしまっている。情報過負荷に関する有名な研究を紹介しよう。実験では，スーパーの店頭にジャムの試食ブースが2回設けられた。1回は24種類，もう1回は6種類のジャムが用意されている。実験の結果，消費者のブース立寄り率は24種類の条件の方が高かったものの，実際の購入率は6種類の条件の方が高くなっていた（Iyengar and Lepper 2000）。多すぎる選択肢は，消費者の注意を引きつける一方で，意思決定を困難にし，最終選択を回避させてしまうのである。

3つめは，消費者の想起集合サイズの問題である。**想起集合**とは，ある製品カテゴリーに含まれるブランドの全体のうち，消費者が購入を考えるブランドの集まりのことである（Howard 1963）。例えば，缶コーヒーを買おうと思った時に，購入候補として頭に思い浮かぶブランドの集まりである。カテゴリーによってばらつきはあるものの，購入を考え

た時に想起集合に入るブランド数は平均3ブランドであるという（Laroche, Rosenblatt, and Brisoux 1986）。この極めて小さな想起集合を，製品品質や機能面で大差ない多くのブランドが狙っているのである（想起集合については第5章でも取り上げている）。

2. ブランド・エクイティ

　このように，数々の競争上の課題に直面している企業にとって，自社製品に信用を与え，競合他社との差異を生み出すブランドの力は極めて重要なマーケティング・ツールとなる。こうしたブランドの力を，単なる製品を区別するための手段としてではなく，競争優位をもたらす価値ある資産として捉える概念がブランド・エクイティである。

（1）　ブランド・エクイティの概念

　ブランド・エクイティの概念が登場したのは1980年頃のことである。当時，企業において増えすぎたブランドを整理し，真に価値あるブランドに集中しようとする機運が高まっていた。ブランドを資産と捉えることによって，ブランドは短期的な成果を得るよりも，将来的に利益を生み出すために，企業において長期に育成し，大切に構築していかなければならない対象となったのである。

　〔図表9-1〕には，企業の株式時価総額に占めるブランド価値が示されている。企業がおかれた状況によって変化するブランド資産を金額換算することにより，その時の株主価値や企業買収の根拠を提供している。2015年時点で最も資産価値があるアップル社では，有形資産と無形資産を合わせた時価総額5,083億ドルのうち，無形のブランド価値の割合が34％を占めている。他にもIBMでは46％，BMWでは65％と非常に高く，日本でもトヨタは時価総額の28％，ホンダは45％をブランド価

第 9 章　ブランド戦略　　**139**

（単位：百万ドル）

順位	ブランド	ブランド価値 (A)※注1)	株式時価総額 (B)※注2)	時価総額に占める割合 (A/B)
1	Apple	170,276	508,250	34%
2	Google	120,314	500,588	24%
3	Coca-Cola	78,423	195,717	40%
4	Microsoft	67,670	393,574	17%
5	IBM	65,095	141,441	46%
6	Toyota	49,048	176,359	28%
7	Samsung	45,297	136,875	33%
8	GE	42,267	274,674	15%
9	McDonald's	39,809	117,957	34%
10	Amazon	37,948	320,725	12%
11	BMW	37,212	57,305	65%
12	Mercedes Bentz	36,711	72,858	50%
13	Disney	36,514	171,870	21%
14	Intel	35,415	140,716	25%
15	Cisco	29,854	133,402	22%
16	Oracle	27,283	163,339	17%
17	Nike	23,070	98,927	23%
18	HP 注3)	23,056	47,078	49%
19	Honda	22,975	51,334	45%
20	Louis Vuitton	22,250	83,443	27%

注1) ブランド価値は Interbrand/Best Global Brands 2015（2015年10月5日公表）
注2) 株式時価総額は2015年5月9日現在
注3) HP の株式時価総額は Hewlett-Packard Co（HPQ）と Hewlett Packard Enterprise Co（HPE）の合計

図表 9 - 1　時価総額に占めるブランド価値の割合

（資料提供：インターブランドジャパン社）

値が占めている。これらの数値はブランドが企業価値を支える重要な資産であることを裏づけている。財務的価値を有するブランド・エクイティの算出方法にはさまざまなものが提案されているが，例えば対象市場の大きさ，市場シェア，ブランドの年数，参入順位，累積広告量，国際性，消費者評価，従業員評価などの要因が考慮されている。

（2） 顧客ベースのブランド・エクイティ

ブランド・エクイティ概念の登場によって，ブランドは自社の株価や売上を高める手段として注目され，競争優位をもたらす価値ある資産として大切に管理され，構築すべき対象と考えられるようになった。しかし，なぜブランドによって株価や売上を高める力に違いが生じ，またどのようにすれば強いブランドをつくることができるのかといったことへの理解は，ブランド・エクイティに先行するブランド力の源泉，すなわち顧客ベースのブランド・エクイティ概念の登場を待たなければならなかった。

① 顧客ベースのブランド・エクイティとは

顧客ベースのブランド・エクイティとは，ブランド・エクイティの価値を顧客の心理的評価に求めるアプローチである (Keller 2013, 訳書, pp.43)。ブランドという資産は，突き詰めると長年のマーケティング活動や使用体験によって顧客の心の中につくられたものである。そのため，顧客のマインド内で位置づけられた自社ブランドのポジションこそがエクイティの源泉だと考えるアプローチである。具体的には，長年にわたるマーケティング・プログラムや使用体験から顧客に蓄積される「ブランド知識」が顧客の反応に違いを生み出し，当該ブランドへの認知，選好，行動へ影響を与える。つまり，望ましいブランド知識は顧客からポジティブな反応を引き出し，望ましくないブランド知識は顧客からネガ

ティブな反応を引き出す。このブランド知識が生み出す影響力の違いが顧客ベースのブランド・エクイティである。この意味で，顧客ベースのブランド・エクイティはいわゆる「ブランド力」の源泉と言えるだろう。したがって，顧客ベースのブランド・エクイティ構築の鍵は，違いを生み出すブランド知識の形成にあり，より具体的にはブランド知識を構成するブランド認知とブランド・イメージの形成にある。

② ブランド認知

ブランド認知は，ブランドがどれだけ知られているかという度合いであり，「深さ」と「幅」の2つの次元によって捉えられる。ブランド認知の深さとは，ブランドが記憶に刻みこまれる強さであり，すぐに思い出されるブランドほど認知は深い。ビールを飲みたいと思った時に真っ先に思い浮かぶブランドは認知が深いブランドである。ブランド認知の幅とは，ブランドが思い出される状況の広さのことであり，多くの購買状況や使用状況で思い出されるブランドほど認知の幅は広い。ビールであれば仕事帰りだけでなく，料理を作っている時や休日のひと時にも飲みたいと思い出されるブランドの方が，購買される可能性は高まるはずである。

ブランド認知は，ブランドの再認や再生と密接にかかわっている。ブランド再認は，店頭や広告で見るパッケージやチラシといった手がかりを通して当該ブランドを思い出すことである。一方，ブランド再生はブランドに関する手がかりなしにブランドを思い出すことである。仕事後にある銘柄のビールが飲みたいと思ったり，寒気がした時に特定のかぜ薬を思い浮かべたりする状況である。とりわけ，店頭以外で意思決定を行う状況では，深さと幅を備えたブランド認知を確立していないと，自社ブランドが再生され，想起集合に入る可能性は低くなってしまうだろう。

③ ブランド・イメージ

ブランド・イメージは、ブランドから連想される製品属性、キャラクター、利用者イメージといったさまざまな事柄（ブランド連想）の集合である。第5章で学んだように、ブランド・イメージは、ブランド・ノードと結びつくさまざまな事柄や概念が、1つのネットワークとして活性化している状態である。ネットワークを構成するひとつひとつの連想の結びつきによって全体としてブランド・イメージが形成され、他ブランドとのイメージに違いが生み出される。

ブランド連想は「強さ」「好ましさ」「ユニークさ」を備えている必要がある。「強さ」とはブランド名を聞いてすぐに思い浮かぶ連想のことである。ファスト・ファッションのあるブランド名を聞いて「機能性」という言葉が思い浮かんだら、それが当該ブランドの強い連想である。また強い連想は「好ましく」なければならない。機能性という連想が「ファッション性に欠ける」というネガティブな連想ではなく、「使いやすい」というポジティブな連想でなくてはならないということである。さらに強くて好ましいブランド連想には「ユニーク」さが求められる。競合ブランドと共有されている連想だけであれば、消費者があえて当該ブランドを選択する理由がなくなってしまうからである。「低価格」「便

図表9-2　顧客ベースのブランド・エクイティの構築

（出所：Keller（2007），訳書；恩蔵・亀井（2002）p.8，図1-1を参考に作成）

利」「流行」がファスト・ファッションで所与とされる連想であれば，「機能性」は自社独自のユニークなブランド連想になっている可能性がある。〔図表9-2〕には，こうしたブランド知識が顧客ベースのブランド・エクイティ構築に寄与するプロセスが示されている。

3. ブランド要素

　顧客ベースのブランド・エクイティを構築していく具体的な方法について解説していこう。深く幅のあるブランド認知を確立し，強く好ましくユニークなブランド連想を実現する具体的な手段として，まず重要になってくるのはブランド要素の選択である。K. L. ケラーによると，ブランド要素はネーム，ロゴ，キャラクター，スローガン，ジングル，パッケージから構成されると言う。

　① 　ブランド・ネーム

　ブランド・ネームはブランド要素において中心的役割を果たしている。我々が名前によって他者を識別するように，ブランド・ネームは自社製品と他社製品を識別する役割を担うからである。そのため，まず消費者の記憶に強く残るブランド・ネームを開発することが重要になってくる。短かったり，響きやリズムが良かったり，愛称を有するネームは覚えやすいため，口に出されたりテレビで耳にしたりしてブランド認知を促進する。また，我々は名前から親近感やその人の雰囲気を感じたりするように，ネームはブランド連想の出発点でもある。ネームから感じるイメージが，ブランドの個性を感性的に表現しているかという点もネームを考えるうえで重要な視点である。

　② 　ロゴ

　ブランド・ネームを視覚的に表現する要素がロゴである。家畜の焼印と同じく，ロゴは一目見て素早く正確に自社製品と他社製品を識別する

ことを可能にしてくれる。ロゴには，「TOYOTA」のように企業名を文字でかたどったワードマークから，アップル社のりんごのように絵や図でデザインされたシンボル・マークまで，さまざまなタイプが存在する。ロゴは視覚に鮮明に訴えるため，ブランド認知への貢献が大きい要素である。

③　キャラクター

ロゴのシンボル・マークの特別なタイプがキャラクターである。架空あるいは実在の人物や生き物をかたどったものであり，ブランドのオリジナル・キャラクターもあれば，有名タレントや映画やアニメの既存キャラクターを自社のキャラクターとして用いることもある。広告やパッケージ上で消費者の注意を引きつけることにより，ブランド認知に貢献したり，既存キャラクターの意味を借りることで自社ブランドに新たな連想を付加したりすることができる。

④　スローガン

スローガンは，ブランド・コンセプトを伝達する短いフレーズであり，主に文字情報で訴求される。同じ文字情報であるブランド・ネームとは異なり，スローガンは柔軟に変更可能であるため，ブランドに新製品が追加されたり，ポジショニングを変更したりする際に，新たなブランド・コンセプトを消費者の心の中へ適切にポジショニングし直していくうえで有効な要素である。ブランドのポジショニングを支援するスローガンは，ブランド認知とブランド・イメージを形成する他のブランド要素の効果を高めてくれる。

⑤　ジングル

ジングルはブランドに関する音楽によるメッセージであり，特にブランド認知を高めるうえで効果的な要素である。面白く巧みに反復するジングルは，聴覚を通して消費者のマインドに刻まれるため，音楽がない

時でも心の中で反復されたりするからである。現在は，テレビやラジオの広告で使用されるジングルだけではなく，PCの起動音や自動車のドア音にまで商標権が認められるようになってきており，聴覚を通して他ブランドとの違いを即座に認識させる要素として活用されている。

⑥　パッケージ

製品を保護するだけでなく，店頭や広告上で情報を伝達する機能を有するパッケージには，ジングル以外のネーム，ロゴ，キャラクターといった多くの視覚的ブランド要素が含まれている。製品導入時におけるパッケージは店頭や広告上で消費者の注意獲得を通して試用を促すことが目的とされ，成熟期にはパッケージのリニューアルを通して鮮度感を与えながらロイヤルティを形成していくといった役割が重視される（小川 2010）。店頭での非計画購買率が高い我が国においては，とりわけ店頭において購買の最後の瞬間に消費者に働きかけることができるパッケージが果たす役割は非常に大きくなっている。

4. 二次的ブランド連想の活用

ブランド・エクイティを構築する別の方法として二次的ブランド連想の活用がある。二次的ブランド連想の活用とは，ブランドを構成するブランド要素を通して連想を形成していくのではなく，他の事柄が有する連想を当該ブランドの連想として活用する方法である。他の事柄とは，企業，原産国（地域），他ブランド，キャラクター，推奨者など多岐にわたる。重要なことは，他の事柄が有する連想が，当該ブランドに新たな連想を付加したり，既存の連想を強化したりして，当該ブランドの強く，好ましく，ユニークな連想の構築に貢献することである。ここでは3つの方法を取り上げよう。

1つめは製品の原産国（countory of origin；COO）や原産地の連想

リーバイスのジーンズ—アメリカ	BMWの自動車　—ドイツ
シャネルの香水　—フランス	キッコーマンの醤油—日本
バリラのパスタ　—イタリア	モンブランの万年筆—スイス

図表9-3　原産国イメージの例
(出所：Keller（2015），訳書，pp.255の一部)

を借用する方法である。フランスの洗練性，ドイツの安全性，日本の機能性など，我々はある国の名前を聞いて特定の連想を抱くことがある。こうした原産国と結びついた連想を自社ブランドに付すことによって，好ましいブランド連想を実現していく方法である。実際に，リーバイスといえばアメリカ，シャネルといえばフランス，BMWといえばドイツといった具合に，ブランドが原産国と結びつき，強固な連想を生み出している例は多くある〔図表9-3〕。原産国イメージによって，自社ブランドに製品の効用の高さや洗練したイメージを訴求できるのである。

　2つめは，ブランド化された原材料や部品の連想を借用する方法である。成分ブランディングと呼ばれるこの方法は，耐水繊維のゴアテックスを使ったレインウエア，こびりつきを防止するテフロン加工のフライパン，PCチップのペンティアムが搭載されたパソコン等が好例である。成分ブランドへの選好と信頼を製品に備えることにより，自社ブランドに品質保証といった価値を付加することができる。

　3つめは，既存キャラクターが有する連想を借用する方法である。有名人や他社キャラクターを自社のブランド要素として起用し，ユニークな連想を生み出す源泉として利用する。例えば，有名料理人が監修したブランドは確実においしいだろうと消費者が推論するように，既存キャラクターが有する専門性を自社ブランドの情報源として利用することができる。また，広告に髪が美しいタレントを起用したシャンプーは，消

費者自身の髪も美しくなるだろうと期待させるように，既存キャラクターの意味を消費者に移転させることもできる。この場合，キャラクターが有する意味（美しい髪）がブランドのベネフィット（髪を美しくする）を象徴していることが重要である。

5. ブランドの活用戦略

　ここまでは，顧客ベースのブランド・エクイティの構築という観点から，いわば「ブランドづくり」の方法について検討してきた。しかし，ブランドづくりの方法は，そのブランドがどの製品に付与されるかによっても大きく変わってくる。ここでは，製品へのブランドの付与の仕方という観点からブランドの活用戦略を整理しておこう。

　ある製品に付与するブランドを考えるとき，まず既存のブランドを活用するか新たなブランドを創造するかという選択肢がある。前者はブランド拡張と呼ばれ，企業が長い年月をかけて育成してきたブランド・エクイティを最も有効に活用できる方法である。新製品の成功率が非常に低い状況のなかで，既存ブランドが有する認知度，連想，信用などのエクイティを備えて導入された製品は，消費者に受容されやすく，成功しやすいからである。一方，後者はこれまで築き上げてきたブランド・イメージを払拭したり，企業の成長を推し進めたりするために，新しいブランドを創造していくという方法である。さらにそれぞれの選択肢は，既存カテゴリーに展開するか新たなカテゴリーに展開するかによって4つの戦略案に分類することができる〔図表9-4〕。

　既存ブランドを活用するブランド拡張のうち，既存ブランドを既存カテゴリーで拡張していく戦略は「ライン拡張」と呼ばれる。同一のブランド・ネームのもとで新しい風味や成分，形状やサイズといったバリエーションを追加していく方法である。築き上げたブランドの陳腐化を

	既存ブランド	新規ブランド
既存カテゴリー	ライン拡張	ブランド変更
新規カテゴリー	カテゴリー拡張	ブランド開発

図表9-4　ブランドの活用戦略

　防ぎ，自社ブランドが選ばれ続ける理由を与えることが目的である。また，当該カテゴリーの未開発なセグメントを開発し，売上の増加や新規顧客の獲得を目的に実施されることもある。若い世代の男性をターゲットに導入されたエナジードリンクは，若い世代の女性にも飲んでもらえるようパッケージと風味を工夫した女性向け製品を販売している。

　もう1つのブランド拡張は，既存ブランドを新しいカテゴリーへ展開していく「カテゴリー拡張」である。喫煙具ブランドから創業した「ダンヒル」は，現在では男性用品を中心に「アクセサリー」「衣料」「旅行用品」を同ブランドで展開し，カテゴリー横断的にダンディなイメージを伝達している。親ブランドが有する資産や技術が拡張先のカテゴリーにうまく移転でき，消費者から見てブランドの整合性が取れていることが成功の鍵である。しかし，過去にはあるビール・ブランドが「ミネラルウォーター」を導入したり，あるジーンズ・ブランドが鞄を導入したりして，ブランドのイメージが混乱し，親ブランドのイメージにまで傷がつく事態となってしまったケースもある。統一性のないカテゴリーへのブランド拡張が親ブランドを傷つけたり，ブランド全体の一体感を弱めたりしてしまうことがあるように，ブランド・エクイティを利用した戦略のすべてがうまくいくわけではないという点には十分な注意が必要である。

　一方，これまで築き上げてきたブランド・エクイティを活用せず，新

たなブランドを創造した方がよい状況もある。既存カテゴリーにおいて新規ブランドを採用する戦略は「ブランド変更」と呼ばれる。既存ブランドに築かれてしまった悪いイメージを払拭したり，海外展開に対応したり，売上の低迷に対処したりするために，これまで築き上げてきたエクイティを放棄し，新しいブランド・ネームでゼロからスタートするという方法である。最近では，既存の基礎化粧品についてしまった悪いイメージを払拭するためにブランド名を改めた例や，たばこの海外展開のために EU 規制に対応できるブランド名に変更した例などがある。ブランド変更では，過去のブランド・イメージと切り離すために，新たなブランドのコンセプトを明確に示し，それを市場に迅速に浸透させることが重要になってくる。

　新しいブランドを創造するもう 1 つの方法は，新しいブランドで新しいカテゴリーを切り開く「**ブランド開発**」である。企業の持続的成長の礎をつくるための戦略であり，成功すれば企業に刺激を与え，競争優位を獲得するチャンスを得ることができる。しかし，ブランド・エクイティがないゼロからのスタートであるため，非常にリスクが高い戦略でもある。これまで進出していなかった未経験のカテゴリーに新ブランドを開発する例として，ネット系企業が野球球団の運営に乗り出したり，衣料ブランドが農業分野で新ブランドを立ち上げたりした例が挙げられる。また，日用品メーカーが新ブランドを開発し，機能性茶系飲料カテゴリーを創造したように，これまで世の中になかったような画期的な新製品で市場を切り開いた例もある。

研究課題

1）〔図表9-1〕に挙げられているブランドのように資産価値が高いブランドを1つ挙げ，その理由をブランド認知とブランド・イメージの側面から説明してみよう。
2）自分が好きなブランドについてブランド要素を分析し，それぞれの要素の役割を考えてみよう。

参考文献

- Howard, J. A.（1963），*Marketing Management, Analysis and Planning*, Irwin.
- Iyengar, S. S. and M. R. Lepper（2000），"When Choice is Demotivating: Can One Desire Too Much of a Good Thing?" *Journal of Personality and Social Psychology*, Vol.79, No.6, pp.995-1006.
- Keller, K. L.（2007），*Strategic Brand Management*, 3 rd ed., Prentice Hall（恩藏直人監訳（2010），『戦略的ブランド・マネジメント第3版』東急エージェンシー.
- Keller, K. L.（2013），*Strategic Brand Management, Building, Measuring, and Managing Brand Equity*, 4 th ed, Pearson（恩藏直人監訳（2015），『エッセンシャル戦略的ブランド・マネジメント』東急エージェンシー）．
- 久保田進彦（2002）「ブランド・エクイティにおけるブランド要素」恩藏直人・亀井昭宏編『ブランド要素の戦略論理』早稲田大学出版部，第1章所収，pp.1-15.
- Laroche, M., J. A. Rosenblatt and J. E. Brisoux（1986），"Consumer Brand Categorization: Basic Framework and Managerial Implication," *Marketing Intelligence and Planning*, Vol.4, No.4, pp.60-74.
- 小川亮（2010），『図解でわかるパッケージデザイン・マーケティング』日本能率協会マネジメントセンター。
- 恩藏直人（1995），『競争優位のブランド戦略』日本経済新聞出版社。
- 恩藏直人（2007），『コモディティ化市場のマーケティング論理』有斐閣。

10 | 価格戦略

芳賀康浩

《目標＆ポイント》 製品の価格はその製品の売上・利益を直接左右する重要な要因である。本章では，マーケティングにおける価格の役割を説明したうえで，最適な価格を設定するために必要な考慮事項について解説する。また，消費者の価格に対する心理，およびそれを捉えた価格設定についても言及する。
《キーワード》 価格競争，最適価格，貢献利益，需要の価格弾力性，価格感受性，需要の交差弾力性

　店頭で「期間限定大特価」という表示を見て，ついつい製品に手を伸ばしてしまうという経験をしたことはないだろうか。価格は消費者が製品やブランドを選択する際に重要な考慮要因となることが多い。価格戦略は，こうした製品の価格に関する意思決定を内容とする。企業は自社の製品・ブランドにどのような価格を設定すべきなのか，またそれをどのように決定すべきなのかについて考えていこう。

1. マーケティングにおける価格戦略の意義

　第1章で解説したマーケティングの基本発想であるマーケティング・コンセプトを思い出してみよう。そこで述べたように，マーケティングとは顧客志向性と利益志向性を両立させる，つまり顧客の利益と企業の利益を両立させることといえる。利益を度外視して顧客を満足させることは簡単である。高品質な製品を低価格で提供すれば良い。しかし，利益を確保できない企業は存続することができない。企業が獲得する利益

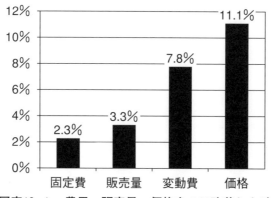

図表10-1　費用, 販売量, 価格を1％改善した時の営業利益の増加率

(出所：Marn and Rosiello (1992) 訳書, p.5, 図1。)

に非常に大きな影響を及ぼす要因が製品の価格である。〔図表10-1〕は, 1992年にマッキンゼー社が2,400社を対象に行った調査の結果を示したものであり, 費用（固定費, 変動費）, 販売量, 価格を1％改善した時に営業利益がどの程度改善するかを示したものである（Marn and Rosiello 1992）。利益に及ぼす価格の影響の大きさが良く分かるだろう。

マーケティングにおける価格戦略は利益に直接関わっている。実際, 製品, 流通, プロモーションという要素が費用を生み出すのに対し, 価格は唯一利益を生み出すマーケティング・ミックス要素である。したがって, 価格に関する意思決定である価格戦略の策定にあたって最も重要なことは利益を最大化する価格を設定するということである。この意味で, マーケティングにおける価格戦略は価格競争（値下げ競争）とは全く異なる。

〔図表10-2〕は, ゲーム理論における囚人のジレンマという図式を用いて価格競争がもたらす帰結を示したものである。ここには, 売上が

伸び悩む競合製品の値下げを検討しているＡ社とＢ社が，それぞれ価格維持あるいは値下げをした場合の利益の増減率が示されている。各セルの左下側がＡ社，右上側がＢ社の値である。このような状況におかれた企業はどのような意思決定をすべきだろうか。この問題について，Ａ社の立場に立って考えてみよう。

Ａ社の選択肢は，価格維持か値下げかの２肢択一である。この意思決定の結果はＢ社の意思決定の結果によって異なる。そこで，まずＢ社が価格を維持した場合を考えてみよう。この時，Ａ社の利益は価格を維持すれば－１％，値下げすれば＋10％となるので，値下げしたほうが有利である。一方，Ｂ社が値下げをした場合のＡ社の利益は，価格を維持すれば－10％，値下げすれば－８％なので，やはり値下げしたほうが損失は少なくて済む。この状況はＢ社にとっても同じなので，結局両社ともに値下げをすることになる。つまり，両社ともに価格を維持すれば－１％という軽微な損失で済むのに，－８％という大きな損失を被るのである。

ここで重要なのは，こうした両社にとって不利益な結果が，両社の利

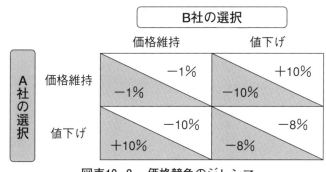

図表10-２　価格競争のジレンマ

（筆者作成。）

益最大化を目指す意思決定によって生じているという点である。両社の間でこの意思決定について相談することはカルテルや談合として法的にも禁止されているため，競争相手に出し抜かれて大きな損失を被るという危険は避けがたい。その結果が両社の値下げであり，それは両社の利益の減少だけでなく，市場全体の急速な縮小という破滅的な結果をも招いてしまうのである。これが価格競争の持つ性質である。

　では，このような状況におかれた企業はどうすべきなのだろうか。競合他社が価格競争をしかけてくる可能性は常にある。そうした場合に，こちらも価格で対抗するのではなく，製品の品質やブランド・イメージを向上させたり，購入の利便性を高めたりすることによって，値下げをしなくともシェアを維持できるようにするべきである。つまり，価格戦略とは，製品の価格だけを考えるのではなく，あくまでもマーケティング戦略の一部として考えなければならないのである。マーケティングにおける価格戦略は価格競争ではなく，むしろ価格競争を回避する，つまり非価格競争の手段なのである（久米 2008, pp. 159-160)。〔図表10-

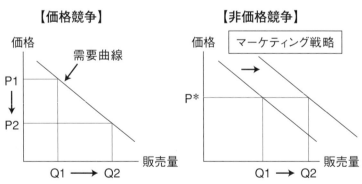

図表10-3　価格競争と非価格競争

（出所：住谷（2001），p. 155, 図表7.4を参考に作成。）

3〕のように，価格競争が値下げによって販売量を増加させようとするのに対し，非価格競争はマーケティング戦略によって所与の価格の下で販売量を増加させようとするのである。

2．最適価格の導出方法

　前節で述べたとおり，マーケティングにおける価格戦略において最も重要なことは利益を最大化する価格を設定することである。本節では，まず利益が最大となる最適な価格の導出方法を久米（2008）に依拠して説明しよう（pp. 147-150）。

（1）　貢献利益の最大化

　利益には，粗利益，営業利益，純利益などさまざまな概念があるが，最適価格を理解するためには貢献利益という概念が有効である。**貢献利益**とは，売上から変動費を差し引いたものである。製品の価格と単位当たりの変動費の差を単位当たりの貢献利益という〔図表10-4〕。なお，変動費とは原材料費，輸送費などのように生産量に応じて変化する費用である。これに対して，広告費，光熱費，賃貸料のように生産量や販売量に応じて変化しない費用は固定費という。

　〔図表10-4〕の価格×販売量で示される四角形が売上であり，その中の網掛け部分が貢献利益である。ある価格と単位当たり変動費のもとで，販売量が増加するとそれに伴って貢献利益と変動費が増加する。この時，貢献利益と固定費が等しくなる点が損益分岐点である。この損益分岐点までの貢献利益は固定費の回収に貢献し，損益分岐点を超えた分が最終的な利益となる。つまり，貢献利益を最大化すれば，最終的な利益も最大化される。したがって，最適価格とは貢献利益を最大化する価格だということになる。

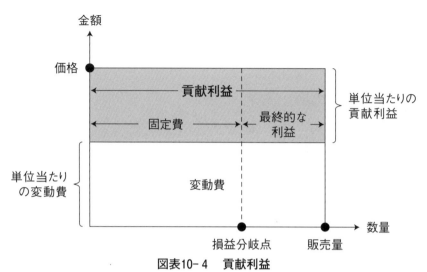

図表10-4　貢献利益

（出所：久米（2008），p.148，図表6-1を一部改変。）

　貢献利益は販売量にしたがって増加し，販売量は製品の価格によって決まる。したがって，貢献利益を最大化する価格の決定には，価格に応じてどのように販売量が変化するか，つまり価格に対する市場の反応に関する情報が必要である。この市場の反応に関する情報を示すのが需要曲線である。需要曲線を把握できれば最適価格を求めることができる。貢献利益は〔図表10-5〕の網掛け部分で示されるので，この面積を最大化する価格を求めれば良いのである。

　ここで重要なことは，最適価格は変動費と需要情報によって導出できるということである。変動費に関する情報は基本的に企業の内部情報なので，比較的容易に入手できる。したがって，最適な価格を設定できるかどうかは需要情報を正確に把握できるかどうかにかかっている。

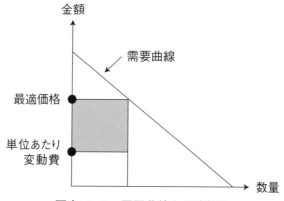

図表10-5　需要曲線と最適価格
(出所：久米（2008），p.149，図表6-2。)

(2) 価格に対する市場の反応

価格に対する市場の反応のしかたは次式で表される需要の価格弾力性で把握できる。これは，価格が変化した場合に販売量がどの程度変化するかを表すもので，次の式で計算される。

$$需要の価格弾力性 = \frac{販売量の変化量 \div 販売量}{価格の変化額 \div 価格} = \frac{販売量の変化率（\%）}{価格の変化率（\%）}$$

こうして計算される値の絶対値が1より大きければ，価格の変化に対して販売量が大きく変化する。つまり消費者は価格に敏感に反応するということである。この場合，わずかな値上げにも販売量が大きく減少し，わずかな値下げに対して大きく販売量が増えるため，値下げが有効である。反対に，需要の価格弾力性の絶対値が1より小さければ，価格の変化に対して販売量があまり変化しない。つまり，消費者は価格に対して鈍感である。多少の値上げをしてもあまり販売量は減らず，値下げをし

てもあまり販売量は増えないため，値上げが有効である。

前節で述べたように，マーケティングにおける価格戦略において，価格競争を回避することが重要であるならば，需要の価格弾力性を決める消費者の**価格感受性**（価格に対する敏感さ）は低いほうが好ましい。消費者の価格感受性を低下させる要因には次のようなものがある（Kotler and Keller 2006, 訳書 p. 547）。

・製品が個性的である。
・買い手が代替製品を認知していない。
・買い手が代替製品の品質を容易に比較できない。
・出費が買い手の総収入のほんの一部に過ぎない。
・出費が最終製品の総コストに比べて小さい。
・コストの一部が別の関係者によって負担される。
・製品が以前購入した資産と併せて利用される。
・製品の品質，格式，高級感がより高いと考えられている。
・買い手が製品を蓄えておくことが不可能である。

需要の価格弾力性は，価格に対する市場の反応に関する重要な情報ではあるが，新製品の価格設定においては，類似製品の販売実績に関するPOSデータ，購買履歴データ，リサーチ会社のパネルデータなどの行動レベルのデータがなければ算出することができない（久米 2008, p. 150）。そのような場合には，テスト販売によって価格実験を行ったり，消費者調査によって価格に対する態度レベルのデータを収集・分析する必要がある（松下 2010, pp. 137-143）。態度レベルのデータの収集法には，消費者に製品を提示して，その製品の価格に対する感じ方を調査する直接質問法と，価格とその他の製品属性（ブランド，デザイン，性能など）を総合して製品評価をさせることによって価格の重要度を推定する間接質問法がある。具体的な手法の代表例として，それぞれPSM

法（Price Sensitivity Measurement），コンジョイント分析が挙げられる（上田 2005, pp. 157-169）。

3. マーケティング戦略と価格設定

　ここまで，最適な価格つまり利益を最大化する価格の導出方法を検討してきた。しかし，第1節で述べたとおり，価格戦略はマーケティング戦略の一部として考えられなければならない。したがって，実際の価格設定にあたってはマーケティング戦略のさまざまな構成要素が考慮されなければならない。ここでは特に重要な要素として，ターゲットと製品を考慮した価格設定を取り上げる。

(1) ターゲットと価格設定

　右下がりの需要曲線は，価格が高くなると需要が減少することを示している。しかし同時に価格が高くても購入する消費者が存在することも意味している。実際に同じ製品でも，高くても買う人と，安くなければ買わない人が存在することは日常的に経験することである。このどちらをターゲットとするかによってマーケティング戦略は異なるため，価格設定にあたっては，こうした消費者による価格に対する反応の違いを考慮しなければならない。消費者によって価格に対する反応が異なるのは，消費者にとっての価格の意味が1つではないためである。

　一般的に，消費者にとって価格とは製品と引き換えに手放さなければならない犠牲を意味している。犠牲としての価格は安ければ安いほど良い。右下がりの需要曲線は価格のこのような側面をとらえたものである。ただし，注意が必要なのは，消費者が絶対的な低価格を求める場合と，製品の価値との関係から相対的な低価格を求める場合があるということである（松下 2010, p. 131）。前者が製品カテゴリーの中で最も低価格

のブランドを選択するのに対し，後者はブランド間の品質や機能の違いを考慮したうえで低価格と判断したブランドを選択するということである。どちらの消費者をターゲットにするかによって，価格設定の方針は異なる。前者であれば，競合製品より少しでも安い価格を設定する必要があるのに対し，後者の場合には消費者の知覚価値という観点から価格を設定しなければならない。

　価格はこの犠牲以外にも，品質のバロメーター，プレステージとしての意味を持つことがある（上田 1999, pp. 94-95）。ワインや宝石のように，消費者にとって品質の判断が難しい製品の場合，私たち消費者は「一番高いのだから一番品質が良いのだろう」「安いのは品質が低いからだ」というふうに，その価格から品質を推論することがある。このように，消費者にとって価格が品質のバロメーターとしての意味を持つことは少なくないだろう。

　また，高価格であることがもたらすプレステージ性が重視されることもある。数百万円もする高級ブランドの腕時計を思い浮かべてみよう。もちろん，腕時計としての正確に時間を伝えるという基本機能やデザイン性，ブランド・イメージも重要だが，極めて高価格であること自体もその購入者にとっては重要であろう。高価格製品は，多くの人が購入することができない。それゆえ稀少性が高いため，その所有者は他者に対して自分のステータスの高さを示すことができる（松下 2010, p. 133）。こうしてプレステージとしての価格の意味が生み出されるのである。

　消費者が，品質のバロメーターやプレステージとしての価格を重視すると，必ずしも価格は安ければ安いほど良いということではなくなる。むしろ，高価格の方が好まれるという状況も起こり得る。その時，需要曲線は右上がりの部分を含むことになる（松下 2010, p. 133；池尾 2010, p. 446）。

このように，価格には複数の意味があり，消費者やその購買状況によって重視される意味が異なる。したがって，価格設定にあたっては，マーケティング戦略で定めたターゲットの価格心理を考慮する必要がある。消費者の価格心理を考慮した価格設定の方法として，ここでは端数価格（odd price）と威光価格（prestige price）を紹介しよう（恩藏2012, pp. 207-208）。

端数価格とは，599円，1,980円，29,800円といった切りの悪い数値を価格として設定したものである。30,000円と29,800円では200円しか違わないが，3万円台か2万円台かという違いが，同じ31,000円と30,800円の違いよりもその差を大きく感じさせる。また，この切りの悪い値が最大限に値下げされているという印象を生む効果もある。犠牲としての価格を重視する消費者に有効な価格設定である。

威光価格とは，高品質を訴求するためにあえて高めに設定された価格である。先述のとおり，消費者が品質を判断することが難しい製品の場合，低価格は低品質を連想させてしまう。宝石や高級バッグなどは，品質が重視されることが多いため，高品質であることを強調するためには，消費者がそのように推論するのに十分な価格を設定する必要がある。

（2）製品と価格設定

価格設定においては，どのような製品のマーケティング戦略なのかも考慮しなければならない。ここでは，新製品の価格設定と製品ラインを考慮した価格設定を取り上げよう。

第8章で述べたように，新製品には革新的新製品，模倣的新製品，改良製品がある。革新的新製品であれば，上澄み吸収価格（skimming price）戦略を採用することができる。これは新製品にまず高価格を設定し，価格に敏感でない消費者に販売することで製品開発への投資を回

収したうえで，徐々に価格を下げていくという方法である。

　これに対して，模倣的新製品や改良製品，または革新的新製品であっても他社の迅速な追随が容易な場合には**市場浸透価格**（market penetration price）**戦略**を採用したほうが良い。これは，新製品に低価格を設定することで大きな市場シェアを迅速に確保しようとするものである。そのうえで，生産・販売量の拡大に伴う規模の経済や経験効果によって生産・流通コストが低下すれば大きな利益を獲得することができる（Kotler and Keller 2006，訳書 pp. 544-545；恩藏 2012, pp. 203-204）。

　第8章で述べたように，ほとんどの企業は何らかの関連を持つ複数の製品を取り扱っている。その場合，製品の価格は製品ライン全体の利益を最大化するよう，同じ製品ラインに含まれる他の製品との関連を考慮して設定されなければならない。このような製品間の関係を把握するための概念に需要の交差弾力性があり，次式で定義される。

$$需要の交差弾力性 = \frac{製品Bの販売量の変化量 \div 製品Bの販売量}{製品Aの価格変化額 \div 製品Aの価格}$$

$$= \frac{製品Bの販売量の変化率}{製品Aの価格の変化率}$$

　これは製品Aの価格が変化した時に，それによって製品Bの販売量がどの程度変化するかを表している。この値が正ならば，製品Aと製品Bは代替関係，負ならば補完関係にある。また，ゼロに近ければ両者にはあまり関係がないということになる（池尾 2010, p. 457）。

　同じ製品ラインに含まれる複数の製品の間に代替関係がある場合には，それらの違いが消費者に分かるように価格設定をする必要がある。例え

ば，ある製品ラインに高級品，中級品，普及品の3品目がラインアップされている場合，それぞれ相対的に高品質，中品質，低品質といった違いに応じた価格を設定しなければならない。もし，この違いが消費者に理解されなければ，安い方の製品しか売れなくなってしまうためである。

一般に消費者は，贈答用のワインなら6,000円程度，自宅使い用の徳用ワインなら1,500円程度というように，製品カテゴリーごとに価格の妥当性（高いか安いか）を判断する基準を有している。この基準となる価格を**参照価格**といい，この参照価格に合わせて複数の価格帯を設けることを**プライス・ライニング**という。各価格帯は，消費者がそれぞれの品質やグレードを判断できるような間隔が保たれていなければならない（池尾 2010, pp. 456-467；松下 2010, pp. 144-145；恩藏 2012, p. 199）。

一方，複数の製品の間に補完関係がある場合の価格設定として，キャプティブ価格（captive-product price）と価格バンドリング（price bundling）がある。

キャプティブ価格とは，補完関係にある製品の一方を安くし，もう一方を高くするというものである。インクジェット・プリンターとインク・カートリッジ，カミソリと替え刃のように，本体価格を安くして，消耗品・付属品を高くするというのが典型である。

価格バンドリングとは，アプリケーション・ソフトがプレインストールされたパソコンや宿泊・食事付きのゴルフ・パックのように，補完関係にある複数の製品を組み合わせてそれぞれ単独での価格の合計よりも低い価格を設定することである。補完製品を組み合わせることで費用の削減が可能な場合や，個々の製品の選択に特別な能力や知識が必要となるような場合に有効である（池尾 2010, p. 459；恩藏 2012, p. 200）。なお，特に補完関係のない複数製品（例えば複数のゲームソフトなど）

を組み合わせた場合の価格は，抱き合わせ価格（optional-product price）と呼ばれる。この場合，単品で販売しない場合には，独禁法上の不公正な取引方法とみなされることもある。

研究課題

1）価格感受性の低い製品をいくつか取り上げて，それぞれの特徴を考えてみよう。
2）品質のバロメーターやプレステージとしての価格が重視される製品にはどのようなものがあるか考えてみよう。

参考文献

・池尾恭一（2010），「価格政策」池尾恭一・青木幸弘・南千惠子・井上哲浩『マーケティング』有斐閣，第17章所収，pp. 439-463。
・Kotler, P. and K. L. Keller（2006），*Marketing Management*, 12th ed., Prentice-Hall（恩藏直人監修・月谷真紀訳（2008），『コトラー＆ケラーのマーケティング・マネジメント（12版）』ピアソン・エデュケーション）．
・久米勉（2008），「価格戦略－マーケティング戦略としての価格戦略」原田保・三浦俊彦編著『マーケティング戦略論』芙蓉書房出版，第6章所収，pp. 147-166。
・Marn, M. V. and R. L. Rosiello（1992），"Managing Price, Gaining Profit," *Harvard Business Review*, Vol. 70, No. 5, p84-94（大洞達夫訳（2003），「真実の取引価格"ポケット・プライス"による流通管理」『ダイヤモンド・ハーバード・ビジネス・レビュー』第18巻，第1号，pp. 4-17）．
・松下光司（2010），「価格戦略」尾上伊知郎・恩藏直人・三浦俊彦・芳賀康浩編著『ベーシック・マーケティング』同文舘出版，第6章所収，pp. 123-145。
・恩藏直人（2012），「価格対応」和田充夫・恩藏直人・三浦俊彦『マーケティング戦略〔第4版〕』有斐閣，第9章所収，pp. 197-217。

・住谷宏（2001），「価格戦略」日本マーケティング協会編『マーケティング・ベーシックス　第二版』同文舘出版，第7章所収，pp. 143-162。
・上田隆穂（1999），『マーケティング価格戦略』有斐閣。
・上田隆穂（2005），『売りたいのなら，値下げはするな！日本一わかりやすい価格決定戦略』明日香出版社。

11 | 流通戦略

芳賀康浩

《目標＆ポイント》 本章では，自社製品をターゲット顧客に届ける経路であるマーケティング・チャネルの設計と管理の方法について解説する。このマーケティング・チャネルは，経済的であるとともに，自社のマーケティング戦略を消費者との接点で実現できるものでなければならない。
《キーワード》 流通経路，マーケティング・チャネル，垂直的マーケティング・システム，延期－投機の原理

　例えば私たちが有名スポーツ・ブランドのジョギング・シューズの購入を考えているとしよう。どこで購入するだろうか。スポーツ用品の量販店で買う人もいるだろうし，靴の専門店で買う人もいるだろう。他にも，百貨店，セレクトショップ，メーカーの直営店，インターネットのショッピング・サイトでもジョギング・シューズは販売されている。マーケティングにおける流通戦略は，自社製品を消費者に販売する場所，言い換えれば自社製品と消費者との接点づくりに関わっている。企業はこの接点をどこに，どのくらいつくれば良いのだろうか。また，その接点で自社の製品・ブランドに適した販売方法を実現するためにはどうすれば良いだろうか。本章では製造業者の視点からこうした問題について考えていこう。

1. 流通戦略の意義と内容

　普通，製品は製造業者の工場で生産され，消費者の自宅や職場で消費

される。また，生産は消費に先立って行われている。つまり，生産と消費は空間的にも時間的にも隔たった状態で行われる。この生産と消費の間の隔たりに橋をかけ，生産と消費を結びつける活動が流通である。ある製品が生産されてから消費に至るまでに取引を通じて所有権が移転していく道筋を流通経路という。流通経路には，〔図表11-1〕のようにいくつかのパターンがあるが，生産者と消費者の間に流通業者が介在しない場合を直接流通，流通業者が介在する場合を間接流通と言う。

　この流通経路を個別企業の観点からとらえたもの，つまり自社製品がそのターゲット顧客に届くまでの販売経路をマーケティング・チャネルと呼ぶ（崔 2014, p.121；鈴木 2010, p.119；矢作 1996, p.7）。

　このマーケティング・チャネルに関する意思決定が流通戦略であるが，その目的は自社製品を効率的かつ効果的に販売する経路を確保することである。言い換えれば，利益を最大化する販売経路のあり方を決定するのが流通戦略である。利益を最大化するには，①費用を引き下げる，②

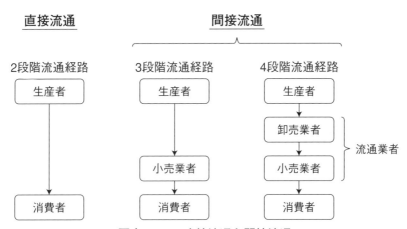

図表11-1　直接流通と間接流通

（出所：鈴木（2010），p.71，図表5-1を一部省略。）

売上を増やす，③販売価格を上げることが必要となる。①は，自社製品をターゲット顧客に届けるまでに必要な取引，輸送，保管，情報伝達などにかかる費用をいかに最小化するか，つまりマーケティング・チャネルの経済性に関連している。②と③は，ターゲット顧客との接点でいかに自社のマーケティング戦略を実現するか，つまりマーケティング・チャネルのコントロールに関連している。流通戦略においては，この経済性とコントロールという課題を常に考慮しなければならない（Koler and Keller 2006, 訳書 pp. 598-599；久保 2010, p. 193）。

このような流通戦略の内容は，マーケティング・チャネルの設計とマーケティング・チャネルの管理に大別できる（久保 2010, p. 194；上原 1999, p. 158；矢作 1996, pp. 240-241）。

マーケティング・チャネルの設計とは，どのような流通経路を自社のマーケティング・チャネルとして選択するかという意思決定である。例えば，直接流通か間接流通か，直接流通の場合は訪問販売か通信販売か，通信販売ならば通信手段はカタログかインターネットか，間接流通ならばどのような流通業者を何社介在させるかといった内容である。

マーケティング・チャネルとして間接流通を選択した場合には，そこに流通業者が介在することになる。マーケティング・チャネルの構成員となった流通業者をチャネル・メンバーと呼ぶが，このチャネル・メンバーの協力をいかに引き出すかがチャネル管理の問題である。例えば，小売業者が自社製品を安売りすれば，せっかく築き上げたブランド・イメージが低下してしまうかもしれないし，競合ブランドより目立たない場所に陳列されたらあまり売上を期待できなくなってしまうだろう。そのようなことがないように，チャネル・メンバーをコントロールすることがチャネル管理の内容である。ただし，マーケティング・チャネルの設計においても，チャネル・メンバーのコントロールについて考慮する

必要がある。次節で述べるように，例えば，ブランド・イメージが重要な製品の場合，コントロールしやすいチャネルをあらかじめ設計するという選択肢もあるためである（上原 1999, p. 158）。

2. マーケティング・チャネルの設計

　冒頭でも述べたとおり，マーケティングにおける流通戦略とは自社製品を消費者が購買する接点づくりである。したがって，マーケティング・チャネルの設計の出発点は，自社製品のターゲット顧客にふさわしい小売業態を選択することである。

（1） 小売業態の選択

　商店街を見渡せば分かるとおり，小売業にはさまざまなものがある。そうした小売業の分類として良く使われるものに業種と業態がある（矢作 1996, pp. 142-146）。**業種**とは，小売業を主たる取扱品目によって分類したものである。「日本標準産業分類」に登場する「各種商品小売業」「婦人服小売業」「食肉小売業」「医薬品小売業」などがこれに該当する。

　一方，**業態**とは，主たる取扱品目に加え，立地，品揃え，店舗規模，価格帯，販売方法，営業時間など，小売業の属性（小売ミックス）を総合的にとらえて小売業を分類したものである。「商業統計」の業態別統計編では，取扱商品，販売方法，売場面積，営業時間に基づいて，「百貨店」「総合スーパー」「コンビニエンス・ストア」「ドラッグ・ストア」「ホームセンター」といった分類がされている。

　自社製品のマーケティング・チャネルとしての小売業を検討する際には，取扱商品だけでなく，その小売業が消費者に提供するさまざまなベネフィットを考慮する必要があるため，業種よりも業態に注目すべきだ

ろう。

　例えば，家電製品であれば，消費者の知識レベルに応じて柔軟な製品説明が必要となるため，販売員による対面販売を行うことのできる小売業態を選択しなければならない。一方で，菓子や清涼飲料などでは販売員による製品説明は不要でセルフサービスで構わないという消費者が多いだろう。こうした製品ではむしろ必要な時にすぐに購入できる立地や時間の利便性が重要である。ターゲット顧客が小売業のどのような属性を重視するのかを検討して自社製品を販売する小売業態を選択しなければならない。

　小売業態を選択したら，実際にターゲット顧客に自社製品を販売する小売店舗の数，そして自社からその小売店舗に至るまでの経路を決定しなければならない。マーケティング・チャネルは，自社から多数の消費者に向けて段階的に枝分かれしていく構造を持つが，その具体的構造を決定するということである。

(2)　マーケティング・チャネルの構造

　マーケティング・チャネルの構造の分析次元には，広さと長さがある。広さとは消費者との接点の数，つまり自社製品の配荷店舗数であり，多ければ広いチャネル，少なければ狭いチャネルという。長さは消費者に至るまでの流通段階数であり，介在する流通業者の数が多ければ長いチャネル，少なければ短いチャネルという。

　マーケティング・チャネルの構造の決定においては，まずチャネルの広さが重要である。後述するとおり，原理的には長さは広さに応じて決まるためである。では，チャネルの広さは何によって決まるのだろうか。それは消費者の買物行動である。ここで，第8章で取り上げた消費者の購買慣習に基づく消費財分類が役に立つ（久保 2010, pp. 198-199）。

消費者が最小限の努力で購入しようとする最寄品は，最寄の店舗が買物場所として選ばれる。近くのコンビニエンス・ストアにペットボトルのお茶を買いに行った時に，好きなブランドがなかったら，それを求めてわざわざ他の小売店に行く消費者は少ないだろう。こうした製品が消費者に選択されるためには，まず最寄の店舗に配荷されていることが前提なのである。消費者がどこにいても近くに自社製品を販売している店舗が存在しているという状態をつくるためには，配荷店舗数を増やさざるを得ない。つまり，マーケティング・チャネルの構造は広くせざるを得ない。こうして，特に自社製品を取り扱う小売業者を制限せず，配荷店舗数を最大化したマーケティング・チャネルを開放的チャネルと呼ぶ〔図表11-2(a)〕。

　消費者が比較検討のために複数店舗で製品を探索する買回品であれば，最寄品ほどの配荷店舗数は必要ない。家電やファッション関連製品などが典型だが，こうした製品は小売店頭での情報提供やサービスが重視されることもあるため，自社のマーケティング戦略との適合性の観点から適切な店舗を選別して配荷することになる（渡辺 2004, pp. 38-39）。このようなマーケティング・チャネルを選択的チャネルと呼ぶ〔図表11-2(b)〕。

　消費者が購買努力をいとわず，特定ブランドの指名買いを行う専門品の場合には，配荷店舗数はさらに少なくて良い。このような製品を，特定エリアにおいて１店舗だけに配荷する場合を排他的チャネルと言う〔図表11-2(c)〕。当該店舗だけに自社製品を排他的に配荷し，他の店舗には自社製品の取り扱いを認めないため，その店舗は当該エリアで自社製品の独占的販売権を有することになる（崔 2014, pp. 125-126）。同時に，競合製品の取り扱いが制限されて専売店化されることも少なくない（矢作 1996, pp. 242-243）。

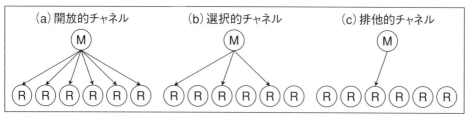

M：製造業者，R：小売業者

図表11-2　広さによるマーケティング・チャネルの類型
（筆者作成）

　チャネルの広さが決まると，それに応じてチャネルの長さが決まってくる。原則的には，チャネルが広くなればなるほどチャネルは長くなる（崔 2014，p. 131；久保 2010，p. 199）。これは1つの企業が直接行うことのできる取引の数に限界があるためである。大手の日用雑貨メーカーでは，大小合わせて数十万店の小売店に配荷している。いかに大企業であっても，そのすべてと個別に取引を行うことはできない。したがって，自らは卸売業者と取引を行い，小売業者との取引は卸売業者に任せることになるのである。単純な例で考えてみよう。

　製造業者，卸売業者はいずれも1社で取引できる企業数が100社だとする。いま製造業者が，10,000の小売店舗に自社製品を配荷しようとしている。これらの小売店舗はいずれもチェーン店ではなく，独立の単独店舗だとする。この場合，製造業者が卸売業者100社と取引を行い，この卸売業者100社がそれぞれ100店の小売業者と取引することによって10,000店の小売店舗への配荷が可能になる。さらに多くの店舗に配荷しようとするのであれば，すでに製造業者も卸売業者も限界まで取引をしているので，現在の卸売業者と小売店舗との間にもう1段階卸売業者を介在させるしかない。このようにして，広いチャネルは長くなるのである。

このことは，とりわけ最寄品のマーケティング戦略において重要な問題を生じさせる。これまでの説明から分かるとおり，最寄品のマーケティング・チャネルは広くて長くなりがちである。しかし，マーケティング・チャネルは広ければ広いほど，長ければ長いほどコントロールが困難になるのである。チャネルを広げて配荷店舗数が増えれば，それぞれの店舗で自社製品がどのような価格でどのように陳列されて売られているかといったことを把握することは困難になる。また，チャネルを長くするということは，自社商品の流通を流通業者に委ねるということであり，卸売業者に自社製品を販売した時点でその後の取り扱いの統制を放棄することを意味する（崔　2014, pp. 130-131）。

　一方で，小売業者は同じ商圏内の小売業者と競争しており，しばしばその競争手段として特売を行う。マス広告でおなじみのブランドは特売の目玉商品としてうってつけであろう。場合によっては，競合する小売店舗の間で，自社製品同士で価格競争が行われるという**ブランド内競争**が起こってしまう。こうなると，研究開発努力や製造プロセスの改善によってせっかく製造業者がつくり出した製品価値に見合った価格で製品が販売されず，広告などによってつくり上げたブランド・イメージが崩れてしまう。まさに，これまでのマーケティング努力が水泡に帰してしまう由々しき事態である。一般に，配荷店舗数を増やせば売上は増加する一方で，コントロールは困難になるため，最寄品の製造業者に限らず，消費財メーカーは多かれ少なかれこのようなジレンマに悩まされることになる。このようなジレンマを回避するために必要なのがチャネルの管理である。

3. マーケティング・チャネルの管理

　配荷店舗数の増加とコントロールの低下という問題にいかに対処する

かというのがチャネル管理の中心的な課題である。この問題への対処方法を一言で言うならば，チャネル・リーダーとして，他のチャネル・メンバーを組織化するということになる。例えば，一部の大手日用雑貨メーカーや化粧品メーカーは自社製品の卸売を行う販売会社（販社）を垂直統合しグループ企業として有している。独立の卸売業者を使うと，その先，自社製品がいくらで誰に販売されたかを把握することすら困難である。それに対して，自社のグループ会社である販売会社ならば，販売会社の卸売価格はコントロールできるし，取引先も把握することができる。これは，製造業者が自ら卸売段階に乗り出すことにほかならず，その意味でチャネルを短くする努力と考えられる（久保 2010, p.200）。

ただし，販売会社の設立のように，卸売段階を垂直統合するためにはかなりの投資が必要である。そのような投資の資金的余力のある企業でなければ卸売段階の垂直統合は難しい。

そもそも，配荷店舗数の拡大とコントロールの低下というジレンマが生じるのは，チャネル・メンバーが完全に独立して自己の利益の最大化を図るためである。相互に独立した経済主体が売買取引を行うとき，売り手は少しでも高く売りたいし，買い手は少しでも安く買いたいのが当然である。つまり，製造業者と流通業者はもともと利害が対立しているのである。製造業者による卸売業者の垂直統合は，資本によって卸売業者を内部化することによって，利害の対立を解消する試みと言えるだろう。

この製造業者とその販売会社のように，あたかも1つの組織であるかのように相互調整されたマーケティング・チャネルは**垂直的マーケティング・システム**（vertical marketing system ; VMS）と呼ばれる。そのうち，製造業者とその販売会社のように資本によって異なる流通段階が垂直統合されたものを**企業型 VMS** と呼ぶ。企業型 VMS では，チャネ

ル・メンバーの目標が一致しており，メンバー間の製品の移転は権限に基づく命令によって行われる。そのためチャネル・リーダーのコントロール力は高いが，チャネル形成には非常に大きな投資を必要とする。

　組織化の程度は企業型よりも低くなるが，VMS には企業型以外に契約型と管理型というタイプもある。契約型 VMS は，チャネル・メンバーが法人格としては独立した状態のまま契約関係を結び，それにしたがって共通目標を設定し，関係を調整するものである。フランチャイズ・システムやボランタリー・チェーンがその代表例である。

　管理型 VMS は，チャネル・リーダーがブランド力や市場支配力などのパワーを背景にマーケティング計画を示し，他のチャネル・メンバーを巧みに統制・管理するものである。資本関係も厳密な契約もないため，VMS の中では最もリーダーのコントロール力は低いが，投下資本も大きくなく環境変化に応じて柔軟に計画を変更できるという利点もある（渡辺 2004, p. 39-42；矢作 1996, pp. 69-71）。以上の3つのタイプの VMS の特徴は〔図表11-3〕のようにまとめられる。

特　徴	企業型 VMS	契約型 VMS	管理型 VMS
リーダーのコントロール力	大きい	←――→	小さい
戦略の長期性	長期的	←――→	短期的
組織化の投資コスト	大きい	←――→	小さい
戦略変更の柔軟性	低い	←――→	高い

図表11-3　3タイプの VMS の特徴
（出所：渡辺（2004），p. 42，表 2 - 1 を一部改変。）

4. マーケティング環境の変化と
　　マーケティング・チャネル

　百貨店や総合スーパーの低迷，コンビニエンス・ストアや専門店の成長，さらにはインターネット販売の台頭など，流通システムは変化を続けている。こうした変化は，マーケティング・チャネルとして利用可能な流通経路を変化させるため，流通戦略に大きな影響を及ぼす。ここでは，マーケティング環境の変化がマーケティング・チャネルに与える影響について考えてみよう。

　第3章で述べたとおり，我が国でニーズの多様化（個性化・多角化・短サイクル化）の進展が指摘されて久しい。こうした状況は，消費者ニーズの把握を出発点とするマーケティングを困難にする。簡単に言えば，どのような製品をどのようにして誰に売ればよいのかが分からないし，分かったとしてもそれがすぐに変化してしまうのである。この意味で，生産や販売に伴うリスクが高まっていると言えるだろう。こうした市場リスクに対応した生産・流通のあり方を考えるうえで参考になるのが延期－投機の原理（principle of postponement-speculation）である（渡辺 2004, p.55-57；矢作 1996, pp.151-161）。

　延期－投機の原理は生産・流通段階での意思決定のタイミングによって市場リスクが変化することに注目している。生産段階の意思決定はどのような製品を生産するのか（製品形態の決定），流通段階の意思決定はどのような製品を仕入れるのか（品揃えの決定）ということである。通常，こうした意思決定は消費者の需要の発生に先立って行われるため，どのような製品が消費者に購買されるかを予測して行われる。この予測の精度は，意思決定のタイミングが遅ければ遅いほど，つまり需要の発生時点に近づくほど高くなるだろう。私たちの日常的な経験に照らして

も，半年後を予測するより1週間後を予測するほうが容易である。

　この製品形態・品揃えの決定を遅くし，需要の発生時点に近づけることが延期である。生産段階の延期は，日々の製品の販売状況（実需情報）に合わせて売れ筋を少しずつ生産することを意味しており，その極限が受注生産である。流通段階の延期も日々の販売状況に応じて適宜売れ筋を仕入れて，それを短サイクルで販売するということを意味している。コンビニエンス・ストアに毎日3回ほど弁当類が納品されているのがこの例である。延期によって市場リスクは削減されるが，その一方でコストが高くなる。生産・流通が多頻度・少量で行われることになるので，規模の経済を享受できないためである。

　反対に投機は製品形態および品揃えの決定を需要の発生に先駆けて早く行うことを言う。予測に基づいて同一製品を大量に見込生産するのが生産の投機である。同じく予測に基づいてあらかじめ売れそうな製品を大量に仕入れて在庫するのが流通の投機であり，発注から販売までのサイクルは長くなる。生産においても流通においても規模の経済を享受できるため，延期に比べてコストが安くなるというメリットがあるが，その一方でリスクは大きくならざるを得ない。延期および投機によって形成される生産・流通システムの特徴は〔図表11-4〕のようにまとめられる。

　近年の生産・流通システムは全体的に見ると投機型から延期型へとシフトしてきている（久保 2010, p. 208；渡辺 2004, p. 57）。本節冒頭でも述べたように，ニーズの多様化が進展したことによって，需要に関する予測がますます難しくなっており，特定の製品をあらかじめ大量に生産したり仕入れたりすることのリスクが大きくなったためである。いわば「ポスト大量生産・大量流通」時代を迎えていると言えるだろう。

　また，延期型の生産・流通システムへの移行を可能にした条件に情報

	生 産	流 通
延期	受注生産化	短サイクル・小ロット化
投機	見込生産化	長サイクル・大ロット化

図表11-4　延期－投機の原理による生産・流通システムの決定
(出所：渡辺（2004）p.56, 表2-2を一部省略。)

通信技術の進展があることを忘れてはならない。延期型生産・流通システムは，消費の情報をリアルタイムで生産と流通段階に投入することが必要になる。これを可能にしたのが，私たちがコンビニエンス・ストアで目にするPOSシステムなどの情報通信技術なのである。

研究課題

1）スーパーとコンビニエンス・ストアの菓子売り場を比べて，品揃えや販売価格が違う理由を考えてみよう。
2）ファストファッションと呼ばれる衣料品チェーン店の品揃えの変化を観察してみよう。

参考文献

- 崔容熏(2014),「メーカーはいかに製品を売り込むのか」崔容熏・原頼利・東伸一『はじめての流通』有斐閣,第6章所収,pp. 118-139.
- Kotler, P. and K. L. Keller (2006), *Marketing Management*, 12th ed., Prentice-Hall(恩藏直人監修・月谷真紀訳(2008),『コトラー&ケラーのマーケティング・マネジメント(12版)』ピアソン・エデュケーション).
- 鈴木安昭(2010),『新・流通と商業 〔第5版〕』有斐閣.
- 上原征彦(1999),『マーケティング戦略論』有斐閣.
- 渡辺達朗(2004),「マーケティング・チャネルのマネジメント」小林哲・南知惠子編著『流通・営業戦略 〔現代のマーケティング戦略③〕』有斐閣,第2章所収,pp. 33-60.
- 矢作敏行(1996),『現代流通 理論とケースで学ぶ』有斐閣.

12 | マーケティング・コミュニケーション

平木いくみ

《目標&ポイント》 自社製品の価値を顧客に伝達するマーケティング・コミュニケーションの意義や役割について解説する。企業から消費者へ実施されるコミュニケーションだけでなく，近年，影響力を増している消費者間コミュニケーションについても取り上げていく。
《キーワード》 プロモーション，ダイレクト・マーケティング，OOH，口コミ，プロモーション・ミックス，IMC

近年，インターネット技術の浸透によって，消費者の情報の取得方法や買い方が大きく変化している。従来型のコミュニケーションだけではなかなかモノが売れないという認識がマーケターのなかに広がってきており，インターネットをコミュニケーションの媒体として有効活用する方法が模索されている。本章では，製品やサービスの態度や購買に影響を与えるさまざまなコミュニケーション手段について解説し，それら基礎概念への理解を通して，消費者に対する適切なコミュニケーション戦略への示唆を得ていこう。

1. マーケティング・コミュニケーションの意義

企業がいかに素晴らしい製品を開発しても，消費者がその存在を知らなかったり，製品価値を正しく理解していなければ，販売には結びつかない。マーケティング・ミックスにおけるコミュニケーションの役割は，顧客に製品やサービスの存在を知らしめ，競合製品に比べて自社製品が

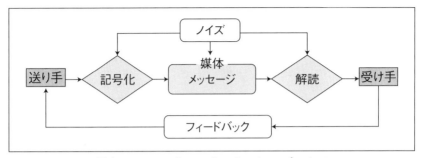

図表12-1　コミュニケーション・プロセス
（出所：Delozier, M. W.（1976），pp.167を参考に作成）

いかに優れた価値を提供するのかを説得し，それら製品の消費や購買を刺激することにある。この目的を達成する中心的手段が，4Pの1つであるプロモーションである。しかし企業と顧客とのコミュニケーションを実現する手段はこれだけではない。製品パッケージの独特の形状やデザインによってブランドの存在感を高めたり，価格によって製品の品質を伝えたり，店舗雰囲気によって自社ブランドのターゲットを暗示したりすることができる。例えば，あるファッション・ブランドでは，店舗で流すBGMを大音量にすることによって，顧客に対して若者のブランドであるという明確なメッセージを送っている。これにより，強い刺激を嫌う高齢者や親世代がいない環境のなかで，若者たちはブランドの世界観を堪能しながらゆっくりと買い物ができるのである。このように，製品，価格，流通といったプロモーション以外のマーケティング・ミックス要素もコミュニケーション手段となる。この意味でプロモーションは狭義のマーケティング・コミュニケーションと位置づけられている。

　ところが，企業が顧客とのコミュニケーションを効果的に実施することは必ずしも容易なことではない。〔図表12-1〕に示されるコミュニケーション・プロセスを見てみよう。まず，コミュニケーションは情報

の「送り手」と「受け手」との間で行われるため,プロセスの両端に両者が位置している。送り手は情報を文字だけでなく,マークや図柄,色や音などへ「記号化（置き換える）」することで,伝えたい意味の集合体としての「メッセージ」を作成し,テレビ,雑誌,看板などの「媒体」を通して受け手へ送る。受け手はそれらメッセージを自分なりの意味に変えて「解読」し,結果として広告や製品を認知したり,態度を変容したり,購買したりして反応し,さらには送り手のサイトに口コミを投稿したりして感想を「フィードバック」することもある。しかし,必ずしも送り手の意図したようなメッセージ伝達が実現できないのは,このコミュニケーション・プロセスの随所に「ノイズ」が存在していることに起因する。

聞きなれない言語,電波の不具合,テレビ広告をカットする録画機能によって,そもそも受け手にメッセージが届かないことがある。送り手の先入観や偏見によって記号化の段階でメッセージに偏りが生じたり,話し方や言葉の誤用によって情報が正しく伝わらなかったりすることもある。同様に,受け手の方も先入観や偏見にあわせて情報を解釈するため,企業が意図した意味で情報を解読していない可能性がある。加えて,インターネットやそれに伴うグローバル化の進展は,近年のコミュニケーションに多くのノイズを生み出している。例えば,インターネットに依存する消費者が増えることは新聞広告やテレビ広告の阻害要因になっているし,消費者によるネット上の書き込みが企業メッセージの信頼性を下げたりすることもある。

以上の話は企業のコミュニケーション戦略の難しさを物語るだけでなく,自社製品が有する価値を消費者に正しく理解してもらうためにマーケティング・コミュニケーションが担う役割がますます重要になっていることを示している。

2. コミュニケーションへの反応プロセス

　コミュニケーション戦略の目的は，顧客から良好な反応を得ることにある。ところが，良好な反応といっても製品認知を獲得したい場合もあれば，態度変容を起こさせたい場合もある。コミュニケーションに対する消費者の反応を段階的プロセスとして捉えたモデルを紹介しよう〔図表12-2〕。

　AIDMA モデルは，広告によって注意を引き出し，関心や欲求を高めることも重要であるが，行為を引き出すために購買時点で利用される情報を記憶に残すことが広告の役割として重要であることを示したモデルである。具体的には，ある広告に「注意（attention）」を向け，内容に「興味（interest）」を持ち，商品が「欲しく（desire）」なり，「記憶（memory）」にとどめ，最終的に「（購買）行為（action）」に至るというプロセスで消費者の反応が生じることを説明している。

　AIDMA モデルの「Memory」を「Conviction」に変更し，記憶させることよりも確信させることに重きをおいた AIDCA モデルは，ダイレクト・マーケティング（通信販売）の文脈での使用を念頭において開発されている。また，日本の広告会社が開発した AISAS モデルは，インターネット広告に対する反応プロセスの説明により適したものとなっている。AISAS の S は「search（検索）」と「share（共有）」を意味し，広告に注意を向け，興味を持った消費者が，広告情報を「検索」し，購買・消費という行為を起こしたうえで，それらの経験や評価を他人と「共有」するという流れである。反応プロセスの全体像への理解は，企業にとって各段階に有効なコミュニケーション戦略の立案を容易にするだけでなく，それぞれの段階を積み重ねて行為や共有につなげるといった統合的な戦略の立案へも示唆を与えてくれる。

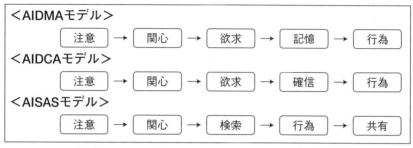

図表12-2　コミュニケーションの反応プロセス

3. コミュニケーション手段

　コミュニケーションの反応プロセスの各段階に影響を与えたり，プロセスを進めたりする手段は広告，製品パッケージ，店舗雰囲気，イベントなど多岐にわたる。そのなかで，企業から顧客への情報伝達において中心的役割を果たす広告，セールス・プロモーション，人的販売，パブリシティはプロモーションと呼ばれている。

(1) 広告

　広告とは，①情報の送り手である広告主が明示されており，②人間以外の媒体（テレビ等の非人的な媒体）によって，③有料で利用する情報伝達活動，と定義される（嶋村 2006）。先に示したように，**媒体**（メディア）とは送り手（広告主）から受け手に情報を伝達する際にチャネルの役割を果たすテレビ，新聞，雑誌等のことを指しており，媒体に特定の銘柄が付されるとビークルと呼ばれる（例えば「日本経済新聞」「NHK」）。

　広告は，多数のターゲットにメッセージを到達させることができるという特徴を有している。しかし，不特定多数の人々に広告を届けた方が

良い場合もあれば，ある程度，限られた人々だけに集中して届けた方が良い場合もある。ターゲットへの適正な広告出稿量を判断する際に有効な概念としてリーチとフリークエンシーがある。リーチとは，広告出稿期間に1回以上，広告と接触したターゲットの数や割合であり（その広告がどれくらいの人に到達したか），フリークエンシーとは，到達したターゲットが広告に接触した回数である（同じ広告に何回さらされたか）。リーチ×フリークエンシーで算出されるGRP (gross rating point; 延べ到達率) が，広告出稿量を判断する基準として用いられる。GRPは広告予算と密接に関連しているため，同じ予算のなかで多数の人に広告を届けたい場合はリーチを重視した媒体が選択され，同一ターゲットへの接触機会を増やしたい場合はフリークエンシーを重視した媒体が選択される。

　不特定多数のターゲットへのリーチを重視したい場合にはマス・メディアが適している。とりわけ，テレビ，新聞，雑誌，ラジオのマスコミ4媒体は，幅広いターゲットへの広告出稿が可能であるとともに，リーチ当たりのコストが低い。一方，消費者にとっては関心が低い広告との接触機会が増えるため，マス・メディアに対しほとんど注意を払わなくなってしまっている消費者も少なくない。

　ある程度ターゲットの特性を限定し，彼らへのフリークエンシーを重視したい場合には，特定のオーディエンスを対象としたクラス・メディアが適している。特定の婦人誌やラジオ番組は，年齢やライフスタイルに応じてターゲットがカスタマイズされやすいため，ニーズに応じた広告展開がしやすく，ターゲットから広告製品の認知や理解が得られやすくなる。

　特定の地域や場所の利用者へのリーチとフリークエンシーを重視したい場合には，コミュニティ・メディアが適している。駅やポスター，車

体を利用したラッピングバス，車内のつり革広告などの交通広告は，特定の交通機関や施設利用者へのフリークエンシーを実現できる。看板，大型モニター，ネオンサインといった屋外広告は，いつも利用する道路や特定の街に集まる若者との接触を効率的に実現することができる。なお，従来の広告が自宅内にいる消費者へのリーチを狙っているのに対し，交通広告や屋外広告は自宅外にいるターゲットとの接触を狙うため，OOHメディア（out-of-home）とも呼ばれている。

パソコンやスマートフォンも現代の広告には欠かせない媒体である。インターネット広告は，不特定多数にリーチできるだけでなく，検索ワードやネットショッピング履歴から，特定の顧客にカスタマイズし，メッセージを伝達することができる。印刷やテレビの広告でQRコードやキーワードを示し，ネット上で消費者の検索や購買を促す媒体戦略はクロスメディア・コミュニケーションと呼ばれている。

(2) セールス・プロモーション（sales promotion；SP）

広告は，記憶させることを通して比較的長期にわたり消費者の意識に働きかける手段である。一方，SPは消費者の購買を即座に促すことを目的とした手段である。通常，広告だけで販売を完結することは難しいため，SPに接触した「その時」に当該製品の購買を刺激したり，試用を促したりするために利用される。

SPは大きく3つのタイプに分類することができる（恩蔵・守口1994：〔図表12-3〕）。1つめはメーカーから流通業者へ実施されるトレード・プロモーションである。例えば，自社製品の販売支援のために流通業者へ実施される**販売助成**（対象製品のPOP広告の掲示や陳列用具の提供等），流通業者の販売努力に対してメーカーが支払うアロウワンス（金銭的見返り）等がある。

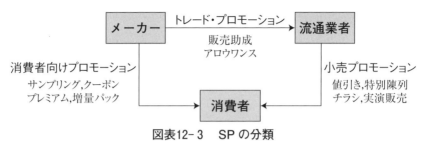

図表12-3　SPの分類

（出所：Blattberg and Neslin（1990）p.4，恩蔵・守口（1994）p.6）

　2つめは，流通業者から消費者へ実施される**小売プロモーション**である。店頭における値引き，特別陳列，チラシ，実演販売等があり，店頭における消費者の最後の購買決定に直接的に影響を与える手段である。

　3つめは，メーカーから消費者へ実施される**消費者向けプロモーション**である。製品の試用を通して購買を促すサンプリング（試供品配布），対象製品の値引きを約束するクーポン，割安感を伝達し注目やトライアルを引き起こす増量パックやバンドル（まとめ買いによる割引），製品のおまけであるプレミアム等が挙げられる。プレミアムは製品に付され購買と同時に入手できる場合もあれば，パッケージのシールやシールに記載されたシリアルナンバーを購買証書としてメーカーに送り，後日，受け取る場合もある。一定期間における売上増加といった短期的効果を狙ったものが多い。

（3）　人的販売

　専門知識のある販売員や営業パーソンによる販売プレゼンテーションやコンサルティングが該当する。広告が送り手から受け手への一方向の情報伝達であるのに対し，人的販売は双方向のコミュニケーションであるため，受け手の情報欲求に合わせて対応しやすい。しかし，到達コス

トはマス広告よりも格段に高く，接触できるターゲット数も少なくなる。したがって，詳細な製品情報や説明が求められる産業財，専門品や高額品といった消費財に絞り活用される傾向がある。ある化粧品会社では，低価格ブランドにはセルフ・サービス方式の販売を採用し，高価格ブランドには対面販売を重視している。

（4） パブリック・リレーションズ（public relations；PR）

PRとは，組織を取り巻くさまざまな利害関係者との間に，良好な関係を築くためのコミュニケーション活動の総称である。企業経営に関わる業績，人事，環境報告，新製品発表等の情報を広報誌や各種セミナーを通して発信するだけでなく，報道対策，社会貢献活動，IR（investors relations；株主や投資家に対する投資判断情報の提供）を通して，企業への好意的な評判やイメージの形成を目的としている。

PRのうち，テレビのニュースや新聞，雑誌の記事として，企業や製品の情報を社会に向けて発信してもらう手法をパブリシティという。パブリシティでは，企業の情報発信先はあくまで新聞社やテレビ局などの媒体社である。そのため，企業が発信した情報を，実際に新聞記事やテレビのニュースとして取り上げるかどうか，さらには，取り上げる場合のタイミングや内容はどうするかといった判断は媒体社によって行われる。したがって，企業が意図したように情報が発信されるとは限らない。しかし一方で，受け手からみれば，第三者（媒体）の評価を得た情報として，企業が実施する広告よりも客観性が高く，受け手に信頼されやすいという特徴がある。しかも，記事やニュースとしての発信は，企業にとって料金負担がない，原則無料の伝達手段である。ただし，企業が媒体側に料金を払い，一見，取材されたかのような体裁で記事や特集を組んでもらうペイド・パブリシティという方法もある。

(5) ダイレクト・マーケティング（通信販売）

　マス広告とは対照的に，ダイレクト・マーケティングは個人を絞り込んで多くの情報を提供することで，対象者からの直接的な反応の獲得を目的としたコミュニケーションである。カタログやダイレクト・メールによってターゲット顧客の購買に直接働きかけたり，オンライン・ショッピングの購買履歴を利用して電子メールで関連製品を提案したりする手法である。また自社製品の経験がない顧客からの問い合わせ情報を利用することにより，有望な見込み客として彼らに販売活動を開始したりすることもできる。企業は顧客との接触ポイントに自社の連絡先や資料請求券を盛り込み，アクセス可能性を高めるよう工夫している。

　ダイレクト・マーケティングの実行には，個人の顧客情報（住所，氏名，属性，購買情報，クレーム等）を記録したデータベースが鍵となる。データベースを活用することで，個人にカスタマイズしたタイムリーな情報伝達や効率的な受発注が可能になる。個人に的を絞るダイレクト・マーケティングは，顧客と長期的に良好な関係を築くためのツールとして不可欠である。

4．プロモーション・ミックス

　コミュニケーション効果を獲得するために，各手段をどのように調整し，連動させていけば良いのだろうか。広告，人的販売，SP，PR のプロモーション手段のミックスについて考えていこう。

　製品特性に基づくと，マスを対象とする消費財では相対的に広告の重要性が高くなり，大口で個別対応が求められる産業財では人的販売の重要性が高くなる。また消費財のうち，購買頻度が高い最寄品では，広告とともに店舗内で実施される SP の割合が高くなり，専門品では，知識を有した店員による人的販売の重要性が高くなる。

流通段階との関連から適切なミックスを考えることもできる〔図表12-4〕。プッシュ戦略と呼ばれるコミュニケーション戦略は，自社製品の売り込みにあたり，メーカーが卸売業者を説得することからスタートし，次いで卸売業者は小売業者へ，小売業者は消費者へと製品の推奨と販売を行っていく方法である。したがって，流通業者の説得がカギとなるため，広告よりも人的販売，割引やリベートといったSPの重要性が高くなる。

　一方，プル戦略は，広告によって製品に対する消費者の需要を直接的に喚起するところからスタートし，喚起された消費者需要を吸引力に，流通業者からメーカーへの製品発注を増やしていく方法である。メーカーは，広告により生じた需要に対し，SPや人的販売などを適切にミックスし，消費者を購買へ導く必要がある。プッシュ戦略は産業財で，プル戦略は消費財でよく実施される戦略である。

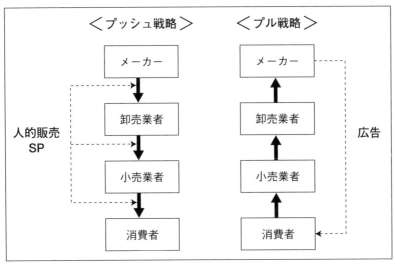

図表12-4　流通とプロモーション・ミックス

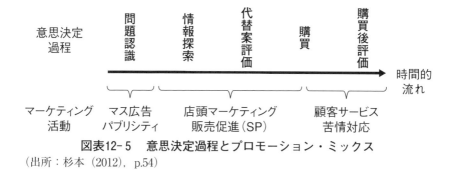

図表12-5　意思決定過程とプロモーション・ミックス
（出所：杉本（2012），p.54）

　また，消費財だけを取り上げても，ターゲットとする消費者の特性によってプロモーション手段の適切な組み合わせは変わってくる（恩蔵・守口 1994, p.15-18）。例えば消費者の関与水準によって，彼らが求める情報源が異なってくるからである。高関与での購買の場合，消費者は店頭に訪れるまでに購買する製品やブランドをかなり絞っていることが多い。つまり，来店前に何を購買するのかが決定されているため，プロモーションの力点は店頭よりもマス広告など店舗外の手段に向けられる。店頭では，知識を有する販売員が最後の決定を後押しする役割を担えばよい。

　一方，低関与での購買の場合，ブランドに対する態度が購買前に形成されていないことが多い。つまり，購買決定が，店舗内でなされる傾向が強くなる。したがって，日用品や食料品といった非計画購買率が高い製品カテゴリーでは，製品の認知や関心の獲得においてマス広告は機能するものの，消費者の購買決定の重要な情報源は店頭での販売促進が鍵を握る可能性が高くなる。

　消費者の購買決定プロセスの段階に応じて，効果的プロモーションを検討したものもある（杉本 2012：〔図表12-5〕）。問題認識の段階では購買を動機づけることが重要であるため，斬新なアイディアを提供した

り，製品の必要性を喚起したりするパブリシティやマス広告などの重要性が高くなる。動機づけられた消費者に対しては，POP広告や陳列といった店頭でのSPによって購買直前の意思決定を後押しする。さらに購買後の顧客サービスを組み合わせると，反復購買といった将来の購買可能性も高めることができる。

5. 消費者間コミュニケーション

購買において我々が取得する情報は，マス広告や交通広告が提供する情報だけにとどまらない。家族や友人の意見を聞いたり，口コミを参照したりする等，消費者の間でやり取りされる情報も参考にするだろう。インターネットの普及により，ブログやSNS（social networking service）を通して自社の製品やサービスに関する情報が瞬時に拡散するようになり，消費者はそれら情報を購買における情報源として重視する傾向を強めている。企業が消費者間コミュニケーションを分析し，活用していく重要性はますます高まっている。

(1) 口コミ

口コミ（word of mouth；WOM）とは，製品やサービスに関する情報が，個人から個人へと伝播していくことである。家族や友人との直接的な接触による口コミだけでなく，近年ではSNSを通した口コミによって，遠方の他者にまでその情報が影響を及ぼすようになってきている。消費者にとって，製品の経験者が発信する情報には当該製品を買わせようとする意図が感じられないため，客観的な情報源として受け入れやすくなるのである。

口コミの影響は，自己表現を実現するような自動車や美容院といった製品で弱くなり，宿泊や外食といった経験財や医療といった信頼財で強

くなる (Walker 1995)。また，口コミはポジティブな情報よりもネガティブな情報の方が拡散しやすい性質を持つ (Hoyer and Macinnis 2010)。コミュニケーション戦略における口コミの活用を考えていくうえで，企業はポジティブな口コミの活用だけでなく，ネガティブな口コミが自社製品の評価へ及ぼす影響についても対応を検討していかなければならない。

（2） コミュニケーションの2段階の流れ

　企業から消費者へ情報を伝達する従来のコミュニケーションにおいても，企業から消費者に届く過程において，実際には企業からの情報を受け取り，それら情報を他の消費者に伝える役割を果たす人々の存在が指摘されてきた（田崎・児島 1992）。「コミュニケーションの2段階の流れ」と呼ばれるこの情報の流れへの理解は，消費者間コミュニケーションを考えるうえで有用である。

　どの世代にもファッション・リーダーと呼ばれるモデルや俳優がいるように，我々は彼らが身に着けているブランドを参考に購入を考えることがある。同様に，自動車やパソコンの購入においても，企業からの直接的なメッセージを検討するよりも，当該製品に詳しい人に助言を求めることも少なくない。このように，消費者が購入において参考にする人，つまり特定のカテゴリーやブランドの情報に敏感で，他の消費者の購買に影響を有している人のことをオピニオン・リーダーと呼ぶ。企業からの情報が1段階目にオピニオン・リーダーへ流れ，2段階目に一般消費者へ流れることを理解している企業は，従来からコミュニティに存在するオピニオン・リーダーを探し出し，製品の無料提供などのアプローチを通して，自社ブランドの採用を促してきた。

　現在，SNSを通した消費者間コミュニケーションの浸透により，コ

ミュニケーションの流れにおいて鍵となる消費者の存在が変わりつつある。ネット上で消費者の製品購入に影響力を有する存在は「市場の達人（マーケット・メイブン（market maven））」と呼ばれている（宮田・池田 2008）。彼らはカテゴリー横断的に製品や小売店の情報を熟知しており，自分自身に購入経験がない製品やサービスについても情報を編集し，一般消費者に発信するという特徴がある。特定領域について深い知識と経験を持つオピニオン・リーダーとは性質が異なるようである。インターネットの普及によって活発化している消費者間コミュニケーションを活用したコミュニケーション戦略を展開するためには，消費者間の情報の流れを理解し，鍵となる消費者を発見・分析しなければならない。

6. IMC

ここまでは，4Pの1つであるプロモーション手段を中心にマーケティング・コミュニケーションを考えてきた。しかし，先にも述べたように，マーケティング・コミュニケーションの手段は，他のマーケティング・ミックス要素をはじめ，多岐にわたる。ここでは，こうしたさまざまな手段の全てを統合することで，より効果的なコミュニケーションを目指す統合型マーケティング・コミュニケーション（integrated marketing communication ; IMC）について説明しよう。

IMC は，広告やパッケージに関わる各部門が協力という形でコミュニケーションを展開する体制では，効果獲得に限界があるとの認識から生じた。成果に責任を持つマーケターのもとで全てのコミュニケーション手段を管理し，それら手段を消費者の視点から再構築することによって，最適なコミュニケーション効果を目指したのである（丸岡 2006, pp.155-161）。

新しい媒体の登場によって消費者の情報の取得方法や購買の仕方が変

化するなか，企業では良い製品を作っても従来型の広告だけではなかなかブランド認知や好ましい態度形成に結びつかないという認識が広まっている。こうした状況のなかで，企業はどのように IMC を実行していけば良いのだろうか。1つは，大量かつリアルタイムに入手可能となった購買履歴データを利用して，さまざまなコミュニケーション手段の連動を，より購買を意識した形で進めていくことである。POS データやスキャンパネル・データは単品別の売上や，世帯および個人の購買情報を提供してくれる。これらの販売情報をさまざまなコミュニケーション手段と絡めて分析することで，購買時点に有効な複数手段間の連動を実現できる可能性がある。

　もう1つは，個人の購買プロセスを連鎖的に推し進めるパーソナルなコミュニケーション戦略を展開することである。企業が有する大量のデータベースには性別や年齢などの属性情報だけでなく，個人が購買に至るまでに接触する媒体，取得方法，タイミングなどのさまざまな情報が含まれている。購買プロセス全体のなかで自社製品と接触するポイントを把握することができれば，企業はそれぞれの接触ポイントにおいて消費者を購買へ近づけるよう，各手段を連動させたコミュニケーション戦略を展開することができる。こうした取り組みはクロスメディア・コミュニケーションと呼ばれ，媒体が多様化し，企業のコミュニケーション効率が高まるなかで注目を集めている。

研究課題

1）　あなたがスーパーマーケットである飲料ブランドを購買したとしよう。そのブランドの購買に至るまで，どのようなマーケティング・コミュニケーションが展開されているかを考え，まとめてみよう。

2） 広告等のプロモーションから得られる情報よりも，口コミといった消費者から得られる情報の方が購買において重要である製品や状況を考えてみよう。

参考文献

- Blattberg, R. C and S. A. Neslin (1990), *Sales Promotion: Concepts, Methods, and Strategies*, Prentice-Hall.
- Hall, S. R. (1924), *Retail Advertising and Selling*, New York McGraw-Hill Book Company, Inc.
- 広瀬盛一（2008），「広告メディア」石崎徹編著『わかりやすい広告論』八千代出版，第10章所収，pp.134-137.
- Hoyer, W. D. and D. J. Macinnis. (2010), *Consumer Behavior* 5 th ed. South-Western Cengage Learning.
- 丸岡吉人（2006），「統合型マーケティング・コミュニケーション戦略」田中洋・清水聰編著『消費者・コミュニケーション戦略』有斐閣アルマ，第6章所収，pp.155-178.
- 宮田加久子・池田健一（2008），『ネットが変える消費者行動：口コミの影響力の実証分析』NTT出版.
- 恩蔵直人・守口剛（1994），『セールス・プロモーション』同文舘.
- 嶋村和恵監修（2006），『新しい広告』電通.
- 杉本徹雄（2012），『消費者理解のための心理学』福村出版.
- 田崎篤朗・児島和人（1992），『マス・コミュニケーション効果研究の展開』北樹出版.
- Walker C. (1995), "Word of Mouth," *American Demographic*, Vol.17, No.7, pp.38-43.
- Delozier, M. W. (1976), *The Marketing Communications Process*, New York, McGraw-Hill.

13 | サービス・マーケティング

芳賀康浩

《目標&ポイント》 サービスという商品は，物的な製品とは異なる特性を有する。本章では，サービスの特性とそこから生じるマーケティング上の課題，サービス・マーケティングの展開方法について解説する。また，サービス・マーケティング研究に影響を及ぼした顧客満足研究についても言及する。
《キーワード》 サービス，無形性，協働性，サービス品質，サービス・プロフィット・チェーン，サービス・トライアングル，サービス・エンカウンター

　私たちの日常の買い物を振り返ってみると，食品，飲料，衣料品，家電といった物的な製品だけでなく，さまざまなサービスを購入していることに気づくだろう。例えば，外食をしたり，英会話学校に通ったり，バスやタクシーに乗ったり，美容室に行ったりする時，私たちはサービスを購入している。消費支出に占めるサービス支出の割合が増加する現象は「消費のサービス化」あるいは「モノ離れ」と呼ばれている。我が国ではこの消費のサービス化が進んでおり，「家計調査」によれば2014年の消費支出に占めるサービス支出の割合は約43％となっている。サービスという商品が私たちの生活に欠かせないものになっていることが分かるだろう。
　また，第8章で述べたように，物的な製品のマーケティングにおいても，アフターサービスや保証といった付帯サービスは製品の重要な構成要素となることがある。この意味で，サービス・マーケティングの理解

は，サービス業者のみならず製造業者にとっても欠かすことができないものである。本章では，このようなサービスに注目し，その特性やマーケティング上の課題について解説していこう。

1. サービスとは何か

　私たちの日常生活の中で「サービス」という言葉はさまざまな意味で用いられている。「ビールを1ケース買ったらグラスをサービスしてもらえた」「家具屋で展示品のソファーの値段を交渉したら端数をサービスしてくれた」「あの店の料理はおいしいのだけれど，サービスがいまひとつだ」という会話をしたことがあるだろう。ここでのサービスは，それぞれ無料のおまけ，値引き，接客を意味している。このほかにも，サービス残業，家族サービスなどさまざまな場面でサービスという言葉は使われている。

　このように，サービスという概念は非常に身近で通俗的に多様な意味を持つがゆえに，その用法に混乱が見られることも少なくない。実際，上で述べた通俗的な意味でのサービスは，いずれもマーケティングにおいて重要ではあるが，「サービス・マーケティング」といった場合のサービスはこれらのいずれとも異なる。

　サービス・マーケティング論において，サービスは「ある経済主体が他の経済主体の欲求を充足させるために，市場取引を通じて他の経済主体そのものの位相，ないしは，他の経済主体が使用・消費するモノの位相を変化させる活動（行為）そのもの」のように定義される（上原1999）。この定義のポイントは次の2点である。

　1つはサービスを「売買の対象」つまり商品であるとしている点である。これによって，接客，おまけ，値引きといった意味でのサービスとは区別される。

もう1つは，サービスを「活動そのもの」とする点で，これによって私たちが商品と言った時に，すぐに思い浮かべる有形のモノとは明確に区別されている。この「売買される活動」としてのサービスは，私たちが美容院で買っている美容師のカットやパーマという活動やタクシーの運転手の運転という活動を考えると分かりやすいだろう。
　しかし，サービス・マーケティング論において，これとは違う意味でサービスをとらえることもあるので注意が必要である。〔図表13-1〕は，商品の構成要素を価値の源泉と売買の対象という次元で整理したものである。価値の源泉としての財には，有形物，情報，活動があり，有形物と情報は所有権と使用権を，活動は使用権を販売できるので，商品の構成要素は5つに分類されることを示している。
　前述の定義における「売買される活動」としてのサービスは，この分類の「⑤活動使用権」に該当する。しかし，注意が必要なのは，この活動使用権以外もサービス・マーケティング論においてサービスとして扱

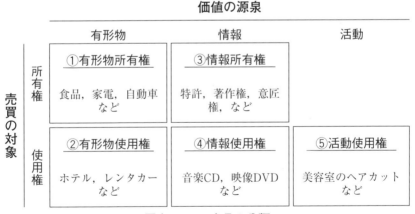

図表13-1　商品の分類

（出所：山本（1999），pp. 40-49を参考に筆者作成。）

われることがあるということである。

　実際に私たちがこの活動使用権だけを単独で購入することは少ない。例えば，私たちがレストランで食事をする時のことを考えてみよう。

　レストランで私たちは物理的な実体を持つ料理を購入し消費する。これは有形物所有権と考えられるだろう。しかし，同時に什器やテーブル，椅子，さらには店舗そのものといった有形物使用権，調理や配膳といった活動使用権もまた購入している。つまり，私たちがレストランから購入する商品は，活動使用権を含むいくつかの要素からなるパッケージであり，このパッケージに対して支払いが行われているのである。この「さまざまな要素からなるパッケージ」という商品のとらえ方は，サービス・マーケティング論において，サービス・パッケージ・モデルあるいは分子論モデルなどと呼ばれており，さまざまな商品に適用されている。例えば，航空会社が提供する商品であるいわゆる航空輸送サービスは〔図表13-2〕のように示すことができる。

　また，「さまざまな要素からなるパッケージ」という商品のとらえ方は，伝統的な有形物のマーケティングを考える際にも重要であることは，すでに第8章で学んだ「ベネフィットの束」という商品のとらえ方を思い出してみれば良く分かるだろう。消費者の視点から商品をとらえることの重要性は，マーケティングにおいてどれだけ強調しても，しすぎることはない。この意味で，サービス・マーケティングにおいてもパッケージとしての商品という考え方は非常に重要である。

　しかし，サービスの概念をパッケージとしての商品のレベルで考える時には若干の注意が必要である。それは，〔図表13-1〕の①以外の要素が占める割合の大きい商品をサービスと呼ぶということである。例えば，ホテルが私たち消費者に提供するものの多くの部分は有形物使用権が占めると考えられるが，私たち消費者は「宿泊サービス」を購入したと考

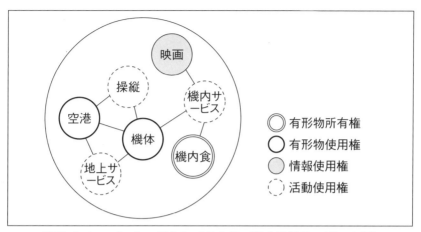

図表13-2　パッケージとしての商品（航空輸送サービスの例）
（出所：Shostack（1977），p. 76，Exhibit 1 および山本（1999），p. 56，図1-5を参考に筆者作成。）

える。レストランの商品が飲食サービスと呼ばれ，航空会社の商品が航空輸送サービスと呼ばれるのも同様である。このような意味でサービスと呼ばれる商品には，有形物所有権が含まれることもあれば，活動使用権があまり含まれないこともあるということが重要である。

　サービスと呼ばれる商品に有形物所有権が含まれることは，有形物とサービスとの違いを相対的なものにする。つまり，商品には有形物的な商品とサービス的な商品があり，その違いは程度の差でしかないということである。実際に有形物とサービスは連続的であるという考え方もある（〔図表13-3〕参照）。したがって，さまざまな要素のパッケージとしてのサービス概念は，サービス固有のマーケティングの特徴を検討する際にはあまり有効ではないだろう。

　また，サービスと呼ばれる商品に，活動使用権があまり含まれないことがあるということは，「売買される活動」としてのサービスとの区別

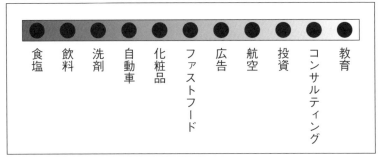

図表13-3　有形物－サービスのスペクトラム
(出所：Shostack (1977), p. 77, Exhibit 2.)

を明確にすることの重要性を教えてくれる。最近のビジネスホテルには，チェックインやチェックアウトを顧客自らが機械を使って行い，従業員との接点がほとんどないところもある。このような「宿泊サービス」は，次節で述べるような「無形性」「協働性」といった重要なサービスの基本特性を備えていない。こうした商品はサービスと呼ばれてはいるものの，これまでサービス・マーケティング論で蓄積されてきた考え方や理論を適用することができないことも少なくない。パッケージとしての商品レベルでのサービスと「売買される活動」としてのサービスをきちんと区別する必要があるのはこのためである。

2. サービスの特性とマーケティング上の課題

　サービスのマーケティングは，伝統的な有形物のマーケティングとはどのように異なっているのだろうか。本節では，サービスの持つ特性からサービスのマーケティング上の課題を検討してみよう。

(1) サービスの基本特性とサービス・マーケティングの課題
　これまでのサービス・マーケティング研究では，サービスの有するさ

まざまな特性が指摘されてきた。ここでは特に重要な基本特性として，無形性，品質の変動性，協働性の3つを取り上げ，そこから示唆されるサービス・マーケティングを特徴づけるマネジメント上の課題を見てみよう（Lovelock and Wright 1999，訳書，pp. 16-22；近藤 2010，pp. 63-73）。

① 無形性

サービスは物理的な形状を持たない。これは情報にも共通する特性なので，サービス固有の特性とは言えないが，そのマーケティングを考えるうえで非常に重要な意味を持つ。それは，購買に先立って消費者が見たり，触れたりすることによってその品質を評価することが難しいということである。

しかし，それがいくら難しくても消費者はサービスの購買にあたって，その品質評価を必ず行っているはずである。なぜなら購買の決定をするということは，支払う対価に見合った品質をそのサービスが備えていると判断しているはずだからである。では，実際に消費者はどのようにしてサービスの品質を事前に評価しているのだろうか。

サービスの品質とは，サービス消費によってもたらされる効果や結果の質だと言えるだろう。例えば，飲食店であれば料理がおいしかったかどうか，テーマパークであれば各種アトラクションが楽しかったかどうかということである。このようなサービスの品質は**結果品質**と呼ばれている。有形物であれば結果品質を購買前に判断できる場合が少なくない。パソコンであれば，店頭で実物を操作してみたり，仕様書を見ることによって，使いやすいかどうか，持ち運びやすいかどうかなどをある程度判断できるだろう。こうした商品は探索財と呼ばれる。

しかし，サービスの場合，飲食店のように料理がおいしいかどうか食べてみなければ分からなかったり，病院のように診療を受けた後でも病

気が良くなったのかどうか分からないことが少なくない。前者のような性質を持つ商品は経験財，後者は信頼財と呼ばれる。経験財や信頼財のように，結果品質が事前によく分からない時，消費者は提供されるサービスそのものではなく，その提供過程を手掛かりにして品質を判断しようとする（Grönroos 1984, pp. 38-39；近藤 2010, pp. 146-147）。例えば，病院の医療サービスそのものがもたらす効果が判断できない場合，医師が親切かどうか，看護師が礼儀正しいかどうか，待合室は快適かどうかという提供過程の質を評価するのである。実際に，病院に関する消費者間の口コミで話題に上るのはこうした点が多いのではないだろうか。このように評価されるサービスの品質は**過程品質**と呼ばれている。サービスの結果は消費者がそのサービスを購買する目的そのものなので結果品質が重要であることは言うまでもないが，（特に結果品質の判断力が低い）消費者に選ばれたり，満足してもらうためには過程品質も充実させる必要がある。

② 品質の変動性

スーパーでキャベツを買う時，いくつかのキャベツを手に取って，どれが新鮮そうか比べてみることがあるだろう。しかし，PET飲料やシャンプーを買う時には，どのアイテムを買おうか迷うことはあっても，一たび購入するアイテムが決まれば，そのうちのどの1本を買うかについて迷うことはあまりないだろう。どれを取っても品質が同じであることが分かっているためである。このように，有形物とりわけ工業製品の品質は標準化が可能だが，サービスの品質は標準化が難しく，バラつきが出てしまうことが多い。例えば，同じ美容室でも美容師によって技術の差があるだろうし，同じ美容師であっても，その時の体調や気分，顧客との相性などによって仕上がりには差が出ることもあるだろう。サービスが人間の活動である以上，こうしたバラつきがあることは避けられ

ない。しかし，品質の標準化は，ブランド化の前提でもある。同じブランドの PET 飲料の味がボトルごとに違っていたら，もはやそのブランドは成立しないということは容易に理解できるだろう。ファストフード店などの接客のマニュアル化は，バラつきやすい人間の活動をなるべく標準化するための工夫だと考えられる。

　一方で，人間の活動には品質のバラつきという悪い面ばかりではなく，「柔軟な対応」という良い面もあることも忘れてはならない。実際，私たち消費者はマニュアル通りの接客に冷たさを感じ，機転の利いた臨機応変な接客に感激する。標準化か個別化か，あるいはそれらをどう組み合わせるかという問題はサービス・マーケティングにおいて避けて通れない意思決定課題である。この問題については次節でサービスのマーケティング戦略を考える際に改めて取り上げよう。

　③　協働性

　有形物はその生産と消費を切り離すことができる。例えば，缶コーヒーの生産は工場で行われ，消費は消費者の自宅や職場で行われる。時間的にも生産は消費に先立って行われている。これに対して，サービスはその生産と消費を切り離すことができない。美容師は顧客の来店前にあらかじめカットを作りおきすることはできないし，消費者もカットを自宅に持ち帰って都合の良い時間に一人で消費するといったこともできないということである。サービスはその生産と消費が不可分であり，一体化しているのである。

　サービスのこうした特性は，そのマーケティング・マネジメントにサービス固有の2つの課題をもたらす。

　1つは，需要量の変動に在庫で対処することができないという問題である。そのため，サービスのマーケティングにおいては，在庫以外の方法，つまり需要量あるいは供給量を直接変化させる工夫によって需給調

整が行われる。例えば、オフピーク時に価格を下げたり、予約制を導入することで需要管理が行われる。パートタイマーを利用したり、ファミリーレストランのドリンクバーや飛行機のセルフチェックインのように消費者を供給過程に参加させるのは供給管理の例である（Sasser 1976, pp. 137-140）。

　もう1つは、サービスの生産と消費が一体化しているがゆえに、そのサービスの成果に消費者の行動が直接影響を及ぼすということである。例えば、美容室の美容サービスの成果は顧客が的確に自分の要望を伝えたり、適切な指示を与えることができるかどうかによって変わってくるだろう。また大学の講義のような教育サービスでも学生の予習・復習の程度や受講態度がその成果を大きく左右する。この意味でサービスは売り手によって独立に生産されるのではなく、買い手との協働によって生産されるものなのである。したがって、サービスの提供過程の中で、売り手が買い手の行動を方向づけるとともに、買い手も売り手の行動を方向づける必要がある。この相互に方向づけを行う関係は、買い手の欲求充足という共通目標に向けて行われるという意味で協働関係であり、この協働関係の中でサービスの生産と消費が完結するため、望ましい協働関係の構築こそがサービス・マーケティングの最も重要な課題だと言えるだろう（上原 1999, pp. 269-273）。したがって、どのような協働関係をどのように構築するかということが、サービス・マーケティングの具体的展開方法、つまりサービスのマーケティング戦略の基本的な枠組みとなる。次節では、この協働関係に注目してサービスのマーケティング戦略の基本枠組みを見ていこう。

3. サービスのマーケティング戦略

　上原（1999）は、協働関係の構築という観点からサービスを2つの次

元で分類し，そこからサービスのマーケティング戦略の基本枠組みを提案している（pp, 273-279）。

　協働関係の構築に注目したサービスの分類次元の1つは，買い手との関係づくりの手続きに関するものであり，これによって，サービスはルール型サービスとプロセス型サービスに分類される。

　ルール型サービスとは，あらかじめルールを設定し，それによって協働関係を事前に特定したうえで提供されるサービスである。学校の授業で教員が教壇に立って講義計画に沿った授業を行い，生徒は自分の席に座って話を聞きノートをとるというスタイルで教育サービスが提供されているような場面を思い浮かべると分かりやすいだろう。

　これに対して，プロセス型サービスは厳密なルールを設定せずに，状況に応じた柔軟な協働関係の中で提供されるサービスである。例えば，家庭教師が教える内容や教え方を生徒と話し合いながらそのつど調整する形でサービス提供を行うのはプロセス型サービスの典型と言えるだろう。

　このルール型とプロセス型のサービスは，前節で品質の変動性というサービス特性を見た時に述べたサービスの標準化と個別化にそれぞれ対応している。そこでも述べたとおり，この選択や組み合わせは重要な戦略的意思決定課題である。この意思決定の手掛かりとして，買い手の目的構造が挙げられる。

　買い手の目的が単純で明確である場合には，ルール型にすることで効率的な対応が可能になる。ファストフード店がルール型のサービス提供を行っているのは，私たちの短時間で安価な食事をしたいという明確な目的に対応するためである。

　反対に，買い手の目的が複雑であいまいな場合には，プロセス型のサービスが望ましいだろう。「みんなが行くから」「単なるモラトリア

ム」という理由で大学に入学した学生に，高度な専門知識を一方的に与えたところで芳しい成果は挙げられないだろう。実際に試験が終わると学習内容をすっかり忘れてしまう学生は少なくない。このような場合には，個々の学生の能力や興味・関心，希望する将来像などとの関連で，高等教育の意義を考えさせ，学習の動機づけを与える必要があるだろう。実際に，多くの大学で，早い年次から小人数，ゼミナール形式のプロセス型教育が導入されてきている。

　もう1つの協働関係の構築に注目したサービスの分類次元は，関係の範囲に関するもので，クラブ型サービスとオープン型サービスに分類される。

　クラブ型サービスは，特定の買い手との長期的な関係の中で提供されるサービスであり，フィットネスジムなどの会員制クラブや各種学校がこれに該当する。売り手の供給能力が小さい場合や，学校のように買い手の目的実現に長い期間を要する場合に適したサービスである。

　オープン型サービスは不特定多数の買い手と単発的に関係を構築して提供されるサービスである。いわば浮動客相手のサービスであり，多くの飲食店や映画館などがその典型である。飲食のように頻度の高い需要を広くとらえるのに有効なサービスである。

　以上の「ルール型－プロセス型」「クラブ型－オープン型」を組み合わせることによって，具体的なサービス提供の方法としてのマーケティング戦略の基本枠組みが得られる。

　〔図表13-4〕にはサービス・マーケティング戦略の4つの類型と，それぞれの焦点課題が示されている。ここで重要なのは，サービスの内容や業種によってあらかじめ取るべき戦略が決まっているわけではないということである。実際に，教育サービスはルール・クラブ型（大学，専門学校）でもプロセス・クラブ型（家庭教師）でも提供されているし，

図表13-4　サービス・マーケティング戦略の4類型
(出所：上原 (1999), p. 277, 図表6-7を一部改変。)

　駅ナカで1回500円で英会話を教えるサービス（ルール・オープン型）も登場している。ルール・オープン型が主流のファストフード店であるが，一部のメニューをカスタム化できるプロセス・オープン型も登場している。サービスのマーケティング戦略はこのような創造的意思決定であり，その着想の起点としてこの枠組みは非常に有効である。

　また，この枠組みからはもう1つマーケティング上の重要な示唆を得ることができる。多くの有形物のマーケティングは，標準化された製品をオープンに提供するという意味でルール・オープン型が主流であると言えるだろう。しかし近年，メーカーがICTを駆使して取り組んでいるのは，プロセス・オープン化，つまりオープン市場への個別対応であ

る。例えば，スポーツ・シューズや腕時計などのメーカーは，ウェブサイト上でさまざまなデザインや色のパーツを顧客が自分の好みに合わせて自由に組み合わせ「自分だけの一品」を組み立てることができる仕組みを提供している。こうした仕組みはマス・カスタマイゼーションと呼ばれるが，ニーズの多様化・個性化が進む現在のマーケティング環境において，個々の顧客のニーズへの適合度を高めるための有効な手段と言えるだろう。

4. サービス・マーケティングと顧客満足

　1990年前後から，マーケティングにおける顧客満足（customer satisfaction; CS）の重要性が改めてクローズアップされるようになってきた。これは，多くの市場が成熟するなかで，新規顧客の獲得よりも既存顧客の維持の重要性が高まり，顧客維持の手段として顧客満足度を高める必要性が認識されるようになったためである。顧客満足は単なるマーケティング理念ではなく，もはや避けて通ることのできない実践課題となったのである。この顧客満足の向上という課題の追求のなかで，サービス・マーケティング研究は顧客満足研究と相互に影響しあいながら，新しい考え方を生み出してきた。ここではその中からサービス・エンカウンターとサービス・プロフィット・チェーンという考え方を取り上げてみよう。

(1) サービス・エンカウンター

　エンカウンターとは，出会い，遭遇といった意味であり，サービス・エンカウンターは顧客がサービスに直接触れる場面を指す。この概念が注目されるようになったきっかけは，スカンジナビア航空の社長であったJ. カールソンの著書（邦題『真実の瞬間』ダイヤモンド社，1990年）

で有名になった moments of truth という考え方である。

　彼はこの考え方に基づいて，赤字にあえいでいたスカンジナビア航空を１年で再生して注目を集めた。この moments of truth とは，もともと闘牛士が闘牛にとどめを刺す瞬間（決定的瞬間）を意味する言葉であるが，彼はこれを顧客の心をつかむ瞬間という意味で用いた。彼の言うところによれば，顧客は１回平均15秒従業員と接触する。この15秒こそが決定的瞬間であり，この積み重ねが顧客満足や企業イメージの基礎となるというのである（Carlzon 1985，訳書，pp. 5-6）。このことは，サービスの品質評価が，その提供過程についても行われるということを思い出せば納得できるだろう。

　この決定的瞬間がサービス・エンカウンターであり，それを司るのは従業員，特に顧客と直接接触する接客員である。優れたサービス・エンカウンターは，接客員が顧客との短い接触時間の中で，素早く，的確に，親身になって対応することによってつくりだされる。接客員がこうした顧客対応をできるようにするためには，優れた人材を採用し，教育することも重要であるが，そのうえで接客員が自ら適切な判断を下して即座に行動することができるよう，エンパワーメント（権限委譲）することが必要である。

(2)　サービス・プロフィット・チェーン

　顧客に大きな満足を与えることによって高い顧客ロイヤルティを確保することが，企業の収益性や成長性を向上させることを顧客満足研究は主張した。そして，サービス・マーケティング研究は顧客を満足させる価値の高いサービスを提供するためには，高度な顧客対応能力を持つ従業員が不可欠であることを示した。この高度な顧客対応能力を持つ従業員を確保するためには，まず従業員満足（employee satisfaction; ES）

が必要である。満足した従業員は意欲的に仕事に取り組むため生産性が高く，高い定着率によって顧客対応のスキルやノウハウを高めているためである。こうした考え方を結びつけたのが，サービス・プロフィット・チェーンという考え方である（〔図表13-5〕参照）。

このように，サービス・マーケティングは人的資源管理と密接に結びついており，そのマーケティング・マネジメントには，伝統的なアプローチつまりマーケティング・ミックスによる顧客対応以上のものが必要となる（Grönroos 1984, p. 42）。これを示したのが，〔図表13-6〕のサービス・トライアングルである。

エクスターナル・マーケティングは，マーケティング・ミックスによって顧客対応を図る従来のマーケティングであり，インターナル・マーケティングは従業員満足をつくりだし，顧客志向を実践させるためのマーケティングである。

ここで忘れてはならないのが，サービスは売り手と買い手の協働によって生産されるということである。いかに従業員が優れていても，顧客の協力がなければ高品質のサービスは望めない。高品質のサービスを

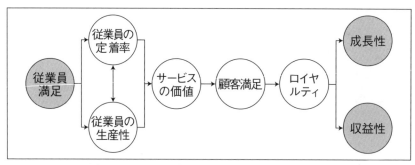

図表13-5　サービス・プロフィット・チェーン
（出所：Heskett, et. al. (1994), p. 166を一部改変。）

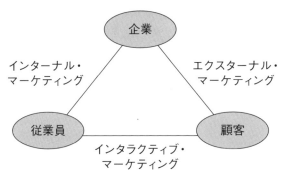

図表13-6　サービス・トライアングル
(出所：Kotler and Keller（2006），邦訳 p. 510, 図13-3 を一部改変。)

生み出すような協働を実現するために，従業員と顧客の相互作用を操作するのが3つ目のインタラクティブ・マーケティングである。その具体的な内容は，従業員の顧客への接し方の管理や相互作用の場の雰囲気づくりに加え，顧客の活動を望ましい方向に誘導するためにルールを提示したり，場合によっては教育したりすることも含む。

　サービスのマーケティングを成功させるためには，この3つの領域を統合的にマネジメントし，全体最適が達成されなければならない。これはサービス企業にとっては，まさに全社的な取り組みによって初めて可能になるだろう。

研究課題

1) サービスを購入・消費する時に，そのサービスの品質を自分がどのように評価しているか考えてみよう。
2) 放送大学の教育サービスは〔図表13-4〕のどの戦略で提供されて

いるか考えてみよう。

参考文献

- Carlzon, J. (1985), *Riv Pyramiderna*, Albert Bonniers Forlag（堤猶二訳（1990），『真実の瞬間』ダイヤモンド社）.
- Grönroos, C. (1984), "A Service Quality Model and Its Marketing Implications," *European Journal of Marketing*, Vol. 18, No. 4, pp. 36-44.
- Heskett, J. L., T. O. Jones, G. W. Loveman, W. E. Sasser, Jr., and L. A. Schlesinger (1994), "Putting the Service-Profit Chain to Work," *Harvard Business Review*, Vol. 86, No. 7/8, pp. 164-174（小野譲司訳（1994）「サービス・プロフィット・チェーンの実践法」『ダイヤモンド・ハーバード・ビジネス・レビュー』第19巻，第4号，4-15頁）.
- 近藤隆雄（2010），『サービス・マーケティング［第2版］』生産性出版。
- Lovelock, C. and L. Wright (1999), *Principles of Service Marketing and Management*, Prentice-Hall（小宮路雅博監訳，高畑泰・藤井大拙訳（2002），『サービス・マーケティング原理』白桃書房）.
- Sasser, W. E. (1976), "Match Supply and Demand in Service Industries," *Harvard Business Review*, Vol. 54, No. 6, pp. 133-140.
- Shostack, G. L. (1977), "Breaking Free from Product Marketing," *Journal of Marketing*, Vol. 41, No. 2, pp. 73-80.
- 上原征彦（1999），『マーケティング戦略論』有斐閣。
- 山本昭二（1999），『サービス・クォリティ』千倉書房。

14 │ リレーションシップ・マーケティング

平木いくみ

《目標＆ポイント》 企業が長期安定的に顧客価値と顧客満足を提供し，顧客との間に良好な関係を構築していこうとする取り組みをリレーションシップ・マーケティングと呼ぶ。本章では，リレーションシップ・マーケティングにおける重要概念を解説したうえで，具体的な取り組みについて解説する。
《キーワード》 顧客リレーションシップ，コミットメント，ブランド・コミュニティ，サービス・リカバリー，顧客データベース

顧客リレーションシップは現代マーケティングにおける最も重要な概念の1つである。それは顧客との継続的な取引関係を実現する際の基盤となる企業と顧客との関係性を意味している。リレーションシップ・マーケティングとは，まさに企業による優れた顧客価値と顧客満足の提供を通して顧客との間に良好な関係性を構築し，維持し，拡大するためのマネジメントであり，収益性の高い顧客との継続的な取引関係の実現を目指している（Kotler and Keller 2006, 訳書，pp. 190）。さまざまな顧客リレーションシップの構築方法を紹介する前に，まず顧客リレーションシップの本質を理解することから始めよう。

1. 顧客リレーションシップの概念

(1) 関係性の本質

顧客リレーションシップの本質である企業と顧客との関係性を理解するために，両者の取引関係を交換という概念から考えてみよう（久保田

2013, pp. 2-3)。マーケティングにおける交換は，企業が提供する製品やサービスといった市場提供物と，それらに対する顧客の反応（対価）との交換を意味している。したがって，マーケティングの目的は両者における価値ある交換関係の実現にあると言えるだろう。

　伝統的マーケティングでは，企業と顧客との間で展開される交換の基本単位が1回毎の取引に置かれており，各取引において最大の顧客価値と顧客満足を実現することに焦点が当てられてきた。しかし，例えば同じ商品を購入するいくつかのケースを考えてみてほしい。表面上，同じに見える取引であったとしても，当該ブランドの愛用者による購入と，大きな特典に惹かれて購入する顧客とでは取引の様相はかなり異なってくる。前者は今まで何度も購入したうちの1回の取引にあたるかもしれないが，後者は金銭的インセンティブがなければ実現しない取引だったかもしれない。また緊急性に迫られて当該ブランドを購入した顧客の場合，今回の購入が高い満足を生み出さない限り，単発的な取引で終わってしまう可能性もある。

　こうして考えてみると，企業と顧客との交換の実態を1回1回の取引に注目して把握することは困難である場合が多く，むしろ取引の背後にある両者の関係性に目を向けることの重要性がクローズアップされてくる。つまり両者の間に親密で良好な関係性が築かれているならば，長期継続的な交換関係が実現する可能性がある。リレーションシップ・マーケティングとは，企業と顧客との良好な交換関係を実現するための，企業による関係性構築のマネジメントと言えるだろう。

　さらに顧客リレーションシップの構築には，企業と顧客との相互作用と，結果として形成されるコミットメントへの理解が欠かせない。相互作用とは，それぞれ異なる価値観を持つ主体が他者の価値観に影響を受け，また与えながら自己の価値観を修正していくプロセスであり

(Jones and Gerard 1967)。その結果として両者の間に形成される信頼や愛着などの心理的状態がコミットメントである。企業は継続的な取り組みを通して顧客の価値観に影響を与え，企業やブランドの価値が顧客の価値観の重要な一部として組み込まれていくように，顧客と相互作用すべきである。関係性構築の成果であるコミットメントは，主に2つに分類される（Brown et. al. 1995）。1つは損得勘定に基づき企業との取引継続意向が形成される**計算的コミットメント**であり，もう1つは愛着や肯定的感情に基づき企業との取引継続意向が形成される**情緒的コミットメント**である。長期継続的な顧客との交換関係を目指すリレーションシップ・マーケティングでは，企業に対する感情的つながりや一体観を醸成するような情緒的コミットメントの形成を重視すべきである。

（2） 顧客リレーションシップ重視の背景

顧客リレーションシップが重視される背景は，いくつかの要因から説明することができる。第1に，不確実性が高い経済環境や低成長時代においては新規顧客の獲得が困難であることが挙げられる。ゆえに企業にとって既存顧客との間に良好な関係を築き，彼らをリピーターとして維持することがマーケティング効率上，有効な方法となってくる。既存顧客の維持は新規顧客を獲得するコストの5分の1であるという調査結果もある。

第2に，急速なグローバル化や情報技術の進展に伴う人と人との結びつきの変化が，企業と顧客との結びつきにも影響を与えている点である。両者の結びつきの不透明性が増大するほど，企業は信頼に基づく関係を構築することこそが，取引関係における最も安定的で着実な方法であることを認識し始めている。

第3に，経済のサービス化の進展が，企業と顧客との間に継続的に取

引するインセンティブを生み出している点である。企業においては，モノ自体での差別化の困難性が強まる状況のなかで，アフターサービス，保証，メンテナンスといった購入後の付随サービスに顧客価値を創造する動きを加速させている。一方顧客においても，増え続ける選択肢の中で有意義な製品を探索する方法や購入後のサポートに価値を見出すようになってきている。顧客の検討段階から購入後の段階にいたる問題解決をサポートするサービスはソリューションと呼ばれる（嶋口 1994, pp. 206）。顧客との間に良好な関係が構築できれば，企業は価値あるソリューションの提供によって顧客から中長期的に信頼を得られる可能性がある。

　第4に，上位20％の顧客が企業全体の収益の80％を生み出すというパレートの法則が，今でもなお，有効である点である。これは20％の確実な顧客を引きつけ維持する努力を惜しまなければ，企業は安定的な収益を確保できることを意味している。最高の顧客は他の顧客に比べ小売業で16倍，飲食業で13倍，航空業で12倍，ホテル業で5倍もの金額を支出してくれると主張する経営者もいる（Kotler and Keller 2006, 訳書, pp. 184）。

　第5に，情報技術の進展が顧客リレーションシップ構築における優れたツールと環境を提供する点である。かつては少数の顧客にしかできなかった受注生産を，現在は個別にカスタマイズしながらマス・ベースで提供することができる（マス・カスタマイゼーション）。情報を簡単に差別化し，カスタマイズし，個別化し，瞬時に送信する技術は，リレーションシップ構築方法に新たな可能性を生み出している。

2. 顧客リレーションシップのレベルと収益性

　顧客リレーションシップの議論は近年，収益性を重視したよりシビア

なものとなってきている。企業は取引するすべての顧客と関係を築くのではなく，収益性の高い顧客と安定的な関係を強化するために，利益の薄い顧客を切り捨てるべきだという議論である。上位20％の顧客が利益の80％を生み出すが，その収益の半分を下位30％の顧客が消失させているという20対80対30の法則を主張する学者もいる（Kotler and Keller 2006, 訳書, pp. 184）。つまり30％の不良顧客を手放せば，それだけ企業の収益性を高めることができるのである。

顧客の収益性分析にはいくつかの方法が提案されている。例えば，〔図表14-1〕は収益性が異なる製品の購入パターンによって顧客を識別する方法を示したものである。縦軸に製品，横軸に顧客を取り，各セルには製品を顧客へ販売したときの収益性が記入される。顧客1は収益性の高い製品だけを購入する優良顧客であり，顧客2は収益性の高い製品と損失をもたらす製品の両方を購入する一般顧客であり，顧客3は企業に損失をもたらす不良顧客である。企業が不良顧客を手放して収益性の高い顧客リレーションシップを構築するためには，ターゲット市場の特性を考慮して，かかわり方のレベルを変える必要がある。つまり収益

	顧客1	顧客2	顧客3	
製品1	＋	＋	＋	高利益製品
製品2	＋			利益ある製品
製品3		－	－	損失製品
製品4	＋		－	利益と損失が混在
	高利益をもたらす顧客	利益と損失が混在	損失をもたらす顧客	

図表14-1　顧客の収益性分析

（出所：Thomas M. Petro (1990), pp.48-52.）

性の高い市場の顧客に対しては全面的なパートナーシップを築く努力をする一方で，利益の薄い市場の顧客に対しては基本レベルの関係を維持する努力に留めれば良い。例えば〔図表14-1〕の顧客2と顧客3に対して，企業は従来どおり製品の価値を広告やウェブサイトで紹介し，それ以外の対応は顧客から問い合わせがあった時だけにするのである。より積極的な対応を取るのであれば，彼らに利益の高い製品の販売を試みる，もしくは収益性の低い製品を値上げしたり販売を中止したりする方法もある。ある外資系金融機関は，口座預金残高が一定水準に達しない顧客に対して口座維持手数料を要求し，不良顧客の積極的な退出を促している。

3. 顧客リレーションシップ構築のアプローチ

近年のリレーションシップ・マーケティングへの注目は，顧客との関係性を構築するためのさまざまな方法に関する議論を活発化させている。コトラーとケラー（2006）は，企業が収益性の高い顧客との強力な関係を形成するアプローチを次の3つに整理している（訳書，pp. 199-203）。

(1) 金銭的ベネフィットの付与

1つ目のアプローチは金銭的ベネフィットの付与である。これは顧客に金銭的報酬を提供することによって再購買を促し，継続的な取引関係を構築しようとする試みである。最も代表的な取り組みは，購入回数や購入金額が大きい顧客に特典を与えるフリークエンシー・プログラムである。航空会社はサービス利用実績が高い顧客のポイント加算率を高め，マイレージ保有実績が高い顧客に無料航空券や座席のグレードアップ・サービスの提供を行っている（フリークエント・フライヤーズ・プログラム）。同様の取り組みはホテルによるフリークエント・ステイ・プロ

グラム，小売業者やクレジットカード会社によるフリークエント・ショッパーズ・プログラムなど多くの業界に広がっている。

ポイントやマイレージが基盤となる同プログラムは当該ブランドを再購買するインセンティブとなる一方で，顧客の損得勘定に基づく計算的コミットメントしか生み出さない可能性がある。そうした事態を避ける1つの有効な方法が，会員制クラブ・プログラムの提供である。会費や入会資格は，優良顧客と計算的コミットメントのみで結ばれた顧客との識別に役立ち，優良顧客への特別なサービスの実現を可能にする。一方，企業にとっては金銭的ベネフィットで引きつけた顧客との関係性レベルを前進させるチャンスでもある。企業は顧客データの分析を通して，再購買時に効果的なクロスセリング（関連した製品やサービスの提供）やアップセリング（ワンランク上の製品やサービスの提供）を実施して，自社に対する顧客の関与を引き上げ，同社への情緒的コミットメントを醸成していくべきである。

(2) 社会的ベネフィットの付与

人間関係が希薄化する今日の情報化社会では，生身の人間によるサービスが顧客との社会的な絆を生み出す場合がある。これは，従業員による個別化されたベネフィットの提供によって，企業と顧客との間に人間的で情緒的な関係の構築を目指すアプローチである。例えばインターネット通販での買物を考えてみてほしい。試着や試用ができない買い物には多くの不安がつきまとうだけでなく，ホームページ上の商品情報には懐疑的な顧客も多い。買物中に疑問が解決されない場合は，カートに入れた商品を放棄して買物を中断する顧客もいるだろう。

こうした顧客に対し，従業員によるカスタマイズされたサービス提案は，購入可能性を高くする。社会的ベネフィットの利点は，顧客の買物

を手助けすることで購買決定プロセスにおける中断を食い止めたり，商品の追加購入を促す可能性を高めたりすることにある。実際，生身の人間による顧客サービスによって，オンライン注文を拡大した企業は多く報告されている。企業は，蓄積された顧客データをもとに個人の好みや不満を分析し，アドバイスを求める個人に最適な提案ができる環境を整えておく必要がある。

（3） 構造的結びつきの付与

　取引が継続する構造的な仕組みによって，安定的な結びつきを形成するアプローチもある。忠誠心や愛着といった心理的要因に関係性の基盤を求めるのではなく，より構造的に取引を成り立たせている仕組みや約束に，長期安定的な顧客との関係性の基盤を求める方法である。

　例えば，1つは長期契約による顧客の再購入を構造的に成立させる仕組みである。新聞や雑誌の年間定期購読，定期契約による家事代行サービス，自動更新の保険料契約，年単位のリース契約や賃貸契約によって，長期安定的な取引が確保できる。

　2つめは，長期契約の確実性を高めるために金銭的ベネフィットを付与する方法である。多くの場合，長期契約に同意した顧客には通常価格よりも大きな金銭的ベネフィットが提供される。これによって取引継続へのコミットメントが高まったり，契約終了後にも再契約が促進されたりする可能性がある。

　3つめは，製品を長期的サービスに転換する方法である。あるネット通販会社では，製品の品揃えを拡充するだけなく，顧客の購入履歴に基づくレコメンド・サービス，最速で商品が届く配送サービス，低価格製品のまとめ買いサービス，映画や音楽の配信サービスといったサービスを拡充させながら，現代消費者の買物ニーズに対応したサービスを提供

している。つまり，製品を販売するのではなく，顧客の状況に合わせて製品を利用できるシステムを商品化し，販売しているのである。

4．ブランド・コミュニティ

　インターネット黎明期までのブランドに関する情報伝達は，企業がマス・メディアやブランド・サイトを通じて一方通行的に情報発信するという形が主流だった。これに対し，現在のオンライン環境では，企業と消費者，消費者同士といった三者間において双方向のコミュニケーションが実現されている〔図表14-2〕。これにより，世界中のあらゆる消費者が時間的，距離的な制約なしにオンライン上で瞬時にブランド情報を発信し，ブランドについて語り合い，ブランド情報を共有できるコミュニティが出現したのである。ブランド・コミュニティとは文字どおり，ブランドという共通の関心に基づいて一連の社交関係を共有するメンバーの集まりのことである（Keller 2013，訳書，pp. 97）。

　顧客リレーションシップにおいて，コミュニティの概念は非常に重要な示唆を有している。出身地や部活などのさまざまなコミュニティに共通する特徴は，コミュニティがメンバーの帰属意識を満たし，情報ニー

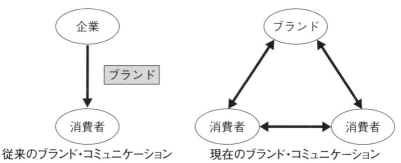

従来のブランド・コミュニケーション　　現在のブランド・コミュニケーション

図表14-2　ブランド・コミュニケーションの変化

ズに応え，社交の場となっていることである。その根底には，メンバーに共有される価値観や関心が存在するため，メンバーはある程度の一体感で結ばれている。企業はコミュニティに参加するメンバーの特性を観察し，ブランドの何がメンバーを結びつける共通の関心事なのかを理解しようとしたり，ブランド・コミュニティに参加する動機を探ったりして，コミュニティ・メンバーとの間に強い絆を形成する方法を模索している。例えば，オンライン上でのブランド開発にコミュニティ・メンバーの参加を促したり，ブランド・フェスタを開催し，メンバーのリアルなブランド体験の共有を促進したりする等，マーケティング活動への顧客参加やメンバー間の意識や体験の共有の促進に注目している。

5. サービス・リカバリー

　第13章で述べたように，生産と消費が売り手と買い手の相互作用プロセスの中で実現するサービスの現場では（サービスの協働性），従業員のちょっとしたミスや対応の悪さが顧客に不満をもたらしやすい。サービス現場における業務上の失敗への対応をサービス・リカバリーと呼ぶ（高橋 2007）。適切なサービス・リカバリーは，むしろ失敗をしなかった時よりも顧客ロイヤルティを高めるというサービス・リカバリー・パラドクスと呼ばれる現象を生むことがある。これは企業による適切なサービス・リカバリーの実践が，顧客との関係を修復し，今まで以上の信頼の獲得を実現し，新たなリレーションシップを創造する可能性を示している。

　サービス・リカバリーは，サービスの失敗に遭遇した顧客が，自分の支払ったコスト（料金や時間的コスト等）に見合った対応をリカバリーとして受け取ったかという点と，それが同じ状況に遭遇した他者と同等であるかという点から評価される。より具体的には，第1に顧客が受け

取った金銭的補償（返金やクーポン）が，自分が支払ったコストや自分が求めるニーズに見合っているかについての評価である。第2に，失敗に対する企業の対応の迅速さ，丁寧な意見聴取，柔軟な対応といった手続きの公正性に対する知覚についての評価である。第3に，サービス・リカバリー担当者の問題解決へ努力する姿勢，誠実な謝罪，礼儀正しい態度，顧客への気遣いなど，担当者とのコミュニケーションのなかで知覚したことに対する評価である。これらサービス・リカバリーの実践には，従業員が顧客に柔軟に対応できるようにするためのエンパワーメント（権限委譲）が欠かせない。エンパワーメントとは，従業員の職務遂行に関する権限を幅広く認めることであり，これにより従業員は自分の裁量により顧客との関係改善に取り組むことができる。

　顧客リレーションシップの議論は得てして，顧客の不満よりも満足の方に焦点が当てられてきた。しかし，代替的な製品やサービスが多数存在する今日において，顧客は不満を企業に伝えることなく簡単に離反してしまうようになっている。企業は顧客の不満を取りこぼさないシステムを開発し，適切なサービス・リカバリーを実践することによって不満を感激に変え，自ら顧客とのリレーションシップ構築のチャンスを得ていかなければならない。

6．顧客データベースの活用

　リレーションシップ・マーケティングでは，顧客データベースを利用して顧客への価値提案を効果的に実行していかなければならない。**顧客データベース**とは，企業が顧客について入手した多様な情報が，個々の顧客や見込み客ごとに系統的にまとめられたものである。

　顧客データベースに含まれる情報には，氏名，住所，電話番号，年齢，世帯情報，収入などのデモグラフィック情報だけでなく，個人の関心や

ライフスタイル等のサイコグラフィック情報，過去の取引情報や購買履歴，相談やクレームなど多くの有益な情報が含まれている。企業は製品の購入，従業員との会話，オンラインや電話による問い合わせなど，顧客と接触するすべての接点を管理し，適切に情報収集できるシステムを構築する必要がある。同時に，収集した情報は，顧客との接触時に従業員が即座に有用な情報を取り出したり，照会したり，分析したりできるよう整理しておく必要がある。高度な統計技術を大量の顧客データに適用し，有益な情報を取り出せるよう整理する技術はデータ・マイニングと呼ばれている。

　顧客データベースの活用は，良好な顧客リレーションシップ構築を支える武器である。顧客データベースを有効に活用することによって，企業は顧客ごとにカスタマイズされた価値提案を実行することができる。また，顧客の好みに応じた景品や割引クーポンの提供によって顧客ロイヤルティを向上させたり，誕生日カードやセール情報などの時節を得た案内によって顧客の購買を再活性化させたり，サービス・リカバリーの現場において適切な対応の実践に役立てたりすることができる。

7. 顧客リレーションシップの結果

　ネット書籍小売業者としてビジネスを開始した「アマゾン・ドットコム」は，製品やサービスを拡充し，顧客データベースを駆使することによってネットショッピングにおける顧客シェアを伸ばし続けている。アマゾンの顧客は，今や音楽や映像などのサービス，衣類，家電，宝飾品，食品などの幅広いカテゴリーの製品を同社から購入することができる。アマゾンから届く個人の購買履歴に基づくおすすめ情報がさらに顧客の関心を引き，配送や受取方法の利便性も合わせて，同社への顧客満足を生み出し続けている。結果として，同社に対する顧客シェアは高まり，

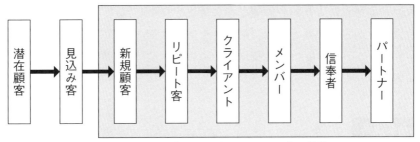

図表14-3　顧客リレーションシップの段階

（出所：Kotler and Keller（2006），訳書，pp. 195，図5-4に若干の修正を加えている）

同じ製品を買うのであれば他社よりも同社から購入する可能性を高めている。

　顧客リレーションシップは，顧客が企業と接触してから自社のパートナーに進化していくプロセスと置き換えて考えることもできる〔図表14-3〕。企業は潜在顧客の中からターゲットを絞り込み，新規顧客に誘導する。新規顧客の期待を上回る価値を提供することによって新規顧客をリピート客に転換する。継続して顧客に満足を与え続けることで，リピート顧客をクライアントへ移行させる。クライアントとは企業が熟知した特別な扱いをする顧客のことである。クライアントをメンバーに誘導するステップでは，加入した顧客に特典を付与するメンバーシップ・プログラムを用意して，メンバーへの誘導を行う。信奉者に到達した顧客は，企業の製品やサービスを他の顧客に熱心に薦めてくれるだろう。最後の課題は顧客をパートナーに転換することである。この段階にいたると，顧客は共に協力し合う企業のパートナーとなり，企業にとっての資産となる。

　顧客リレーションシップの本質を正しく理解している企業は，絶え間

ない企業努力により顧客価値と顧客満足を提供し続け，高い顧客シェアの獲得を通して顧客との間に深い絆を構築することができる。良好な顧客リレーションシップを構築するために，企業は長期的視点に立って，顧客をパートナーに育てるプロセスを支援すべきである。

研究課題

1) お気に入りのブランドを取り上げて，企業が当該ブランドとあなたとの間にリレーションシップを築くために行っている取り組みを調べてみよう。
2) ネット上のブランド・コミュニティでは，ブランドについてどのような情報が発信されているだろうか。自分の好きなブランドのネット・コミュニティを調べてみよう。

参考文献

- Brown, J. R., R. F. Lusch, and C. Nicholson (1995), "Power and Relationship Commitment: Their Impact on Marketing Channel Member Performance," *Journal of Retailing*, Vol. 71, No. 4, pp. 363-392.
- Jones, E. E. and H. B. Gerard (1967), *Foundation of Social Psychology*, New York: John Wiley and Sons.
- Keller K. L. (2013), *Strategic Brand Management, Measuring, and Managing Brand Equity*, 4th ed., Peason (恩藏直人監修・月谷真紀訳 (2015), 『エッセンシャル戦略的ブランド・マネジメント第4版』東急エージェンシー).
- Kotler, P. and K. L. Keller (2006), *Marketing Management*, 12th ed., Prentice-Hall (恩藏直人監修・月谷真紀訳 (2014), 『コトラー&ケラーのマーケティング・マネジメント第12版』丸善出版).
- 久保田進彦 (2013), 『リレーションシップ・マーケティング』有斐閣.

・嶋口充輝(1994),『顧客満足型マーケティングの構図』有斐閣。
・髙橋郁夫(2007),「「サービスの失敗」とその後の消費者意思決定プロセス―衡平理論に基づいたサービス・リカバリーの役割に関する分析―」三田商学研究,第50巻,第2号,pp.19-33.

15 | ソーシャル・マーケティング

芳賀康浩

《目標＆ポイント》 顧客の利益だけでなく，社会の利益も考慮するマーケティングをソーシャル・マーケティングと呼ぶ。本章では，近年のソーシャル・マーケティングへの注目の背景，その内容の変化，および具体的な取り組みについて解説する。
《キーワード》 ソーシャル・マーケティング，ソサイエタル・マーケティング，企業の社会的責任（CSR），コーズ・リレーテッド・マーケティング

第1章で述べたとおり，マーケティングの基本理念である顧客志向性には注意すべき問題点がある。顧客の短期的・即時的なニーズに応えることが長期的・社会的な利益を損なうことがあるというものである。この長期的・社会的利益を考慮したマーケティングがソーシャル・マーケティングである。このソーシャル・マーケティングという考え方が登場したのは意外に古く，1960年代終わり頃に遡る。本章では，その登場から現在までの展開を振り返ってみよう。

1. マーケティングと社会的価値

Kotler et.al（2010）は，マーケティングの進化を3段階に分けて整理し，それを順にマーケティング1.0，2.0，3.0と呼んでいる〔図表15-1〕。

本書では，これまで顧客志向を中心理念とするマーケティングを解説してきた。これは，マーケティング2.0に該当する。そこでの顧客志向というコンセプトは，顧客の個人的な消費欲求を満たすことを意味して

	マーケティング1.0	マーケティング2.0	マーケティング3.0
	製品中心の マーケティング	顧客志向の マーケティング	価値主導の マーケティング
目的	製品を販売すること	消費者を満足させ、 つなぎとめること	世界をより良い場所に すること
可能にした力	産業革命	情報技術	ニューウェーブの技術
市場に対する 企業の見方	物質的ニーズを持つ マス購買者	マインドとハートを持つ より洗練された消費者	マインドとハートと精神 を持つ全人的存在
マーケティング の主要な焦点	製品開発	差別化	価値
マーケティングの ガイドライン	製品の説明	企業と製品の ポジショニング	企業のミッション、 ビジョン、価値
価値提案	機能的価値	機能的・感情的価値	機能的・感情的・ 精神的価値
消費者との 関係	1対多数の取引	1対1の絆	多数対多数の協働

図表15-1 マーケティングの進化

(出所：Kotler et.al (2010), 訳書, p.19, 表1-1を一部改変。)

いる。

　これに対して，マーケティング3.0では，個人的な消費欲求だけでなく，消費者の持つ社会的・経済的・環境的公正さに対する欲求にも応えようとする。そのために，マーケティング3.0を実行する企業は，機能的・感情的な満足を生み出す製品やサービスを提供するだけでなく，より大きなミッションや価値観にしたがって，社会的課題に対する解決策を提供することで世界に貢献しようとする。マーケティング2.0が顧客の個人的価値に注目するのに対し，マーケティング3.0は消費者の社会的価値にも注目するのである（Kotler et.al 2010, 訳書, pp.17-18）。

　一方で，実務においても社会的価値と密接に関連づけられたマーケティングが行われ，注目を集めている。例えば，製品の売上の一定額を

何らかの社会的課題の解決に寄付するというコーズ・リレーテッド・マーケティング（cause-related marketing）というキャンペーンを多くの企業が行っている。

　また，マーケティング・コミュニケーションにおいても，2010年ごろから「ソーシャル・グッド（Social Good）」というキーワードが注目されている。カンヌ・ライオンズをはじめとする国際的な広告コンクールの審査において，「このキャンペーンはソーシャル・グッドか」が問われるようになっているという（芳賀・井上2014, p.36）。コーズ・リレーテッド・マーケティングやソーシャル・グッド・キャンペーンの台頭は，個人的な欲求に訴えるだけでは消費者の心をつかむことができないというマーケティング3.0の主張を傍証する事態だと言えるだろう。

　このように，学術的にも実務的にもマーケティングにおいて社会的価値が注目されるようになってきている。この社会的価値の創出・提供を考慮したマーケティングが，ソーシャル・マーケティングであるが，焦点となる社会的価値の捉え方は時代とともに変化している。以下ではその変遷をたどってみよう。

2．ソーシャル・マーケティングの登場

　マーケティングの社会的関わりを扱う領域を広義のソーシャル・マーケティングとすると，それには大きく分けて2つの流れがあるとされている。1つはP. Kotlerらによって提唱された「非営利組織によるマーケティング」とも呼ばれるもので，マーケティングというマネジメント技法を企業だけでなく，非営利組織にも応用しようというものである（Kotler and Levy 1969）。通常，非営利組織は環境，人権，公衆衛生，貧困などといった社会的課題の解決に取り組んでおり，その目標達成のためにマーケティングが有用であることが主張されたのである。

もう1つは，Lazer and Kelley（1973）によって提唱された「社会志向のマーケティング」で，企業のマーケティングの社会的な側面に注目するものである。ここで注目された社会的側面が企業の社会的責任であり，マーケティングにおいても社会の利益を考慮することの重要性が主張されたのである。この意味でのソーシャル・マーケティングは，非営利組織のマーケティングと区別するために，ソサイエタル・マーケティングとも呼ばれている。以下で，この2つのソーシャル・マーケティングが登場した背景とその後の展開を概観してみよう。

3. 非営利組織によるマーケティング

　マーケティング研究は元来，製造業者の活動を対象として行われてきた。しかし，1960年代の終わり頃からマーケティングの研究対象を製造業者以外に広げようという主張がアメリカで登場してきた。当時のアメリカ社会では，企業以外の組織が巨大化し，社会に対する影響力を高めるとともに，企業と同様に洗練された管理技法を必要とするようになっていたのである。また，人々のニーズの多様化・高度化の進展によって，企業が提供し得ないサービスへの関心も高まっていた。
　このような背景のもと，Kotler and Levy（1969）は次のように主張した。全ての組織が，財務，人事，生産，購買などの経営諸機能を果たしている以上，無意識であるにせよマーケティング機能も果たしていることは明らかであり，選挙戦では候補者が，大学の学生募集では高等教育が，募金活動ではその「社会的主張（social cause）」が販売されており，マーケティングはこうした社会的活動にまでその適用範囲を広げている。
　こうした主張はマーケティング概念拡張論と呼ばれ，例えば，警察のイメージ・アップのためのキャンペーンや立法機関に禁煙を訴える集団の活動などの社会的な領域にもマーケティングの技法が適用できるとし

たのである。

　このようなマーケティングの適用領域拡大の正当性を巡って，学会では激しい論争が起こったが，この考え方は徐々に定着していき，1985年のアメリカ・マーケティング協会（AMA）におけるマーケティングの定義にも影響を与えた。それに伴い，さまざまな非営利組織によるマーケティングの可能性と課題に関する研究が行われるようになった。非営利組織のマーケティングの全体的な枠組みは企業のマーケティングと基本的に同一であるが，その一方で，企業とは異なる次のような特徴が指摘されている（Kotler 1982, pp.8-9；Kolter and Andreasen 1996, pp.26-28；Lovelock and Weinberg 1989, 訳書, pp.16-22）。

① 資源獲得の必要性…非営利組織の事業目的は利益をあげることではなく，その組織の使命の遂行である。もちろん，事業から利益が生じることもあるが，多くの場合，事業収入によって事業遂行に必要な資金を調達することができない。実際に多くの非営利組織が政府の補助金や民間からの寄付などでその財源をまかなっている。したがって，非営利組織は，その製品やサービスの利用者に対するマーケティング（資源配分のマーケティング）と組織の存続に必要な資源を獲得するための政府や寄付者に対するマーケティング（資源獲得のマーケティング）という2つのマーケティングを行うことになる。

② 多様な顧客…資源獲得のマーケティングと資源配分のマーケティングを行う非営利組織は少なくとも2種類の顧客に対応しなければならない。例えば，大学は在学生，卒業生，在学生の保護者，受験生，教員，職員，企業，地方自治体，政府などの多様な利害関係者と関わっているが，これらの利害関係者は資源配分や資源獲得の対象となるため，それぞれに対するマーケティング・プログラムを開発しなければならない。これらの多様な顧客のニーズを同時に満たすことは非営利

組織によるマーケティングの困難な課題である。
③ **提供物の内容**…マーケティングにおける市場への提供物には，第1章で述べたとおり，製品，サービス，アイディアなどがあるが，多くの非営利組織の提供物は主としてサービスとアイディアである。したがって，従来のマーケティング研究が対象としてきた製品のマーケティングとは異なるアプローチが必要である。
④ **マーケティング・リサーチの困難性**…企業においてもマーケティング・リサーチは容易ではないが，非営利組織によるマーケティングにおいてはその困難はさらに大きい。まず，非営利組織の行う社会的事業に関して利用できる2次データは非常に少ない。また，社会的アイディアに対する態度や行動に関する調査は，製品に対する消費者の態度や行動の調査に比べて非常に困難である。
⑤ **価格設定の困難性**…多くの場合，非営利組織はその提供物の受け手に一定の対価を課すことができない。時には無料でサービスが提供されたり，時には病院の医療費のように，対価の一部が第3者によって支払われたりすることもある。
⑥ **コミュニケーションの困難性**…特に社会的アイディアを提供している非営利組織によるマーケティングでは，その顧客を啓発・説得するようなコミュニケーションを行わなければならない。しかし，愛煙家に禁煙を勧めて説得することが難しいように，啓発・説得は容易ではない。
⑦ **公的な監視**…非営利組織の行う事業は通常，社会的・公共的な側面を持つ事業であり，税金による補助を受けていることが多い。そのため，非営利組織はその事業の成果を公に広く公開することが求められる。企業の事業目的は利益であるので，その成果を財務的な尺度で測定し評価することができるが，非営利組織の事業目的は利益以外にあ

るため,その成果を財務面だけで評価することが困難である。非営利組織が公的補助を確保し続けるためには,社会的利益に寄与することを示す何らかの成果指標を開発しなければならない。

4. 社会的責任論としてのソサイエタル・マーケティング

1962年,当時のアメリカ大統領 J. F. Kennedy は議会に送る特別教書に「安全である権利」,「知らされる権利」,「選択できる権利」,「意見が聴かれる権利」の4つからなる「消費者の権利」を記した(鈴木2010, p.87)。これをきっかけとして,アメリカの消費者は消費者としての権利に目覚めるようになる。そうして生まれたのがコンシューマリズムという新しい消費者運動であった。この運動は企業に対して経済性だけでなく安全性を求めた。つまり,高品質の製品を安価に購買しようとするだけでなく,その消費・使用が安全にできることを生産者である企業の責任として求めたのである(宮澤1995, pp.12-19)。

このようなコンシューマリズムの高まりによって,企業はマーケティングの基本理念であるマーケティング・コンセプトを見直す必要に迫られた。当時のマーケティング・コンセプトの中心は,顧客のニーズを的確に把握し,それを満たす製品を提供するという「顧客志向性」を中心とするものであった。顧客志向に基づいて顧客を満足させれば企業の利益が実現するという発想に基づいて,顧客と企業の間に WIN-WIN の関係をつくりあげることこそマーケティングだと考えられていたのである。しかしながら,そのようなマーケティングは社会的な観点から見て必ずしも好ましい結果をもたらしたわけではなかった。

例えば,より優れた走行性能を求める顧客に大排気量・高馬力の自動車を提供すれば,顧客を満足させつつ,企業は収益をあげることができるだろう。しかし,その一方でガソリン消費量と排気ガスは増え,資源

の浪費や大気汚染といったかたちで社会的利益が損なわれるといったことを考えれば分かりやすいだろう。今使っている携帯電話がまだ使えるのに，新しいモデルが登場するとついつい買い替えたくなる。必要でもないのに，ユニークなおまけがついている商品や見栄えの良い包装を施してくれる店を選んでしまう。私たち消費者は，自分の消費行動が長期的・社会的にどのような影響を持つのかをあまり考えずに行動してしまうことが少なくない。企業の顧客志向がこうした即時的・短期的なニーズに応えることである限り，マーケティングは社会の利益を阻害する。こうした問題に企業がその社会的責任として主導的に対処することを1970年代のコンシューマリズムに基づく消費者運動は求めたのである。

　こうした背景のもと，顧客と企業だけでなく社会の利益も含めたトリプル WIN を目指すマーケティングとしてソサイエタル・マーケティングが登場したのである。その後，ソサイエタル・マーケティングの考え方は，その具体的な研究領域として，地球環境という社会的利益を考慮したエコロジカル・マーケティング（ecological marketing）あるいはグリーン・マーケティング（green marketing）を生み出し，製造やパッケージング，物流などのマーケティング諸活動における環境負荷の低減といった問題が取り扱われるようになった。

　このようにして社会的利益を考慮するマーケティングが誕生したのだが，ここで重要なことは，この段階での社会的利益へのアプローチは，あくまでも社会的責任としてマーケティングの負の側面，つまり「マイナスの社会的利益の抑制」を焦点としていることである。ここで取り上げられるマーケティングの社会への関わり方は，いわば消極的・受動的な関わり方であり，可能な社会的利益へのアプローチの半分しか捉えられていないとも言えるだろう。

　しかし，2000年前後から社会的利益へのマーケティング・アプローチ

の残された半分，つまり積極的・能動的な社会的関わりに焦点が当てられるようになり，ソサイエタル・マーケティング研究も急速に活発化した。それによって，ソサイエタル・マーケティングは後ろ向きの責任論から脱却しようとしている。以下では，その新しいソサイエタル・マーケティングについて見ていこう。

5. ソサイエタル・マーケティングの新展開

2000年は「企業不祥事元年」とも言われる。これ以降，2000年代を通じて，有名大企業による食品偽装，リコール隠し，粉飾決算などが相次いで起こった。こうした不祥事によって名門企業の信頼が地に落ち，経営基盤が揺らぐ様を目の当たりにして，企業の社会的責任（corporate social responsibility; CSR）への関心が否応なく高まったのが2000年代だったと言えるだろう（小山2011，p.1およびpp.9-11）。実際，日本では，2002～2003年ごろに「CSRブーム」「CSRバブル」などと言われるほどCSRが注目を集めるようになったが，このブームによって企業は従来よりも積極的にCSRに取り組むようになっている。

例えば，大企業を中心にCSR推進室といった専門部署が設けられ，組織的・体系的にCSRに取り組む企業が相次ぎ，その取り組みについてまとめた『CSRレポート』が刊行されるようになった。このことは，社会貢献活動を含むCSR活動として，「どのような活動を，なぜ，どのように行うのか」をステークホルダーに対して企業が説明することを要求する。それまでのCSRへの取り組みが，マーケティングに対する批判への対応として行われていたのとは対照的に，企業が自ら取り組むべき社会的課題を識別し，自社の事業内容や経営資源との関連を考慮して戦略的にCSR活動が展開されるようになったのである。

この時企業はCSR活動として何を行うのかを選択・決定しなければ

ならない。企業が社会的責任として取り組むことのできる社会的課題は，環境，人権，教育，貧困，メセナ，スポーツ振興など多岐にわたる。大企業ともなれば NPO などから，こうした社会的課題の解決への支援要請が数多く寄せられるだろう。しかし，そのすべてに応えることは難しい。とりわけ社会貢献活動となると，営利組織である企業が積極的に行うべきではないという意見さえある。そこで社会の利益と自社の利益を両立させる CSR が求められることになり，その方法論としてソサイエタル・マーケティングが再び注目を集めるようになったのである。

こうして活発化したソサイエタル・マーケティング研究の焦点は，CSR 活動がマーケティング成果にどのような影響を及ぼすかという点である。従来から企業が社会貢献活動を行うべき論拠として用いられてきた概念に「啓発された自己利益（enlightened self-interest）」がある。これは「企業が社会貢献を行うことは，直接的な利益にはつながらないが，長期的あるいは間接的に企業にとって利益になるという考え方」（経済団体連合会1994，p.162）である。近年のソサイエタル・マーケティング研究はこの啓発された自己利益の内実を明らかにしようとしているのである。

実際に，多くの実証研究によって CSR 活動がマーケティング上のさまざまな成果を生むことが指摘されている。ただし，その成果は消費者の購買といった直接的・短期的な取引的報酬（transactional rewards）ではなく，企業イメージの向上を通じたブランドへの愛着といった間接的・長期的な関係的報酬（relational rewards）である（Du et al.2007）。この意味で，マーケティング成果という観点からすると，迂遠な効果のようにも感じるが，第4章や第9章で指摘されているように，コモディティ化が進んだ現在の市場環境においては決して軽視できるものではない。

このように近年の研究は，コンシューマリズムの台頭や環境問題への関心の高まりといった環境変化への受動的適応のみならず，自社ブランドのマーケティング成果を高めるための手段として積極的にCSR活動に取り組むことの重要性を主張している。コトラー他（2014）は，顧客，企業，社会全体のニーズを長期的・継続的に満たすというマーケティング・コンセプトとして「サステイナブル・マーケティング志向」を提示している〔図表15-2〕。

　〔図表15-2〕のマーケティング志向に従う企業は標的顧客の現在のニーズや欲求を把握し，それらを競合他社よりも効果的にかつ効率的に満たそうとする。例えば，低価格で乗り心地は快適だが，環境性能の低い自動車を販売すれば，顧客には目先の満足感を，企業には売上と利益がもたらされるだろう。しかし，このような戦略が持続可能（サステイナブル）ではないことは言うまでもないだろう。

　ソサイエタル・マーケティング志向では消費者の将来的なニーズを考慮する。東日本大震災を経て私たちがエネルギー問題への関心を高めた

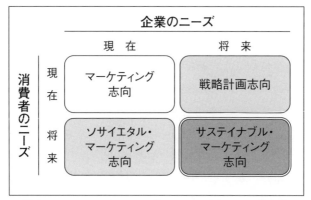

図表15-2　サステイナブル・マーケティング志向
（出所：コトラー他（2014），p.374，図15.1を一部修正。）

ように，消費者の環境問題，エネルギー問題への関心は今後も高まっていくだろう。ソサイエタル・マーケティング志向に従う企業であれば，こうした消費者のニーズを主導する。例えば，従来車よりも若干馬力が下がったり，価格が高くなったりするかもしれないが，より低燃費でCO_2排出量の少ない自動車の価値をアピールするだろう。

戦略計画志向は，企業の将来的なニーズを考慮する。これに従う企業であれば，低価格自動車に対する需要が急拡大している新興国市場，さらにはBOP（bottom of pyramid）市場の開拓に乗り出すだろう。

最後のサステイナブル・マーケティング志向は，消費者の長期的な利益あるいは社会的利益に配慮してマーケティングを行うというだけでなく，それを企業の長期的な経営計画と統合することを示している。例えば，ガソリン・エンジンで走る現在主流の自動車の限界を乗り越えるべく，高度な走行性能と環境性能を両立させる次世代自動車の開発に取り組むことは自動車メーカーに持続可能で高収益な将来をもたらすだろう。

以上，本節で見てきたように，企業の社会価値へのアプローチは消極的・受動的な社会的責任としての取り組みから，より積極的な戦略的取り組みへと拡大してきている。経営戦略論の大家M. ポーターは，戦略的CSRの考え方をさらに推し進め，共通価値の創造（creating shared value; CSV）という考え方を提唱している。これは，社会のニーズや問題に取り組むことで社会的価値を創造することが，経済的価値の創造に結びつくという考え方であり，社会的課題への対応は競争優位を確保する手段として位置づけられている（Porter and Kramer 2011）。

このように，CSRはもはや「利益の社会還元」などではなく，マーケティングと統合することによって社会の利益と企業の利益を持続的に実現することを目指して戦略的に計画・実行するものと認識されるようになってきている。以上に説明してきたソサイエタル・マーケティング

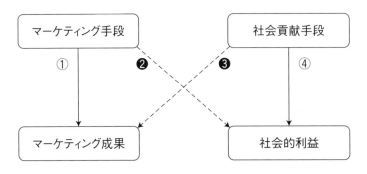

図表15-3　ソサイエタル・マーケティングの新展開
(出所：芳賀 (2014), p.3, 図表1。)

の新展開は〔図表15-3〕のようにまとめられる。

　従来のソサイエタル・マーケティングは，コンシューマリズムへの対応などを背景として登場したという経緯もあり，マーケティング活動の社会への影響，とりわけネガティブな影響の考慮を焦点としていた。これは，いわばマーケティングの社会的マネジメントと言えるだろう（〔図表15-3〕の❷）。一方で，近年注目されているソサイエタル・マーケティングは，メセナやフィランソロピーといった企業の社会貢献活動が，企業イメージ，ブランド・イメージ，ブランド・ロイヤルティ，ブランド態度，購買意向などのマーケティングの成果指標に及ぼす影響を焦点としている（〔図表15-3〕の❸）。この意味で，これは社会貢献を手段とするマーケティングと呼べる。

　こうした焦点の変化の要点を一言で表すならば，「負の社会的価値の抑制を目的とする責任論から，正の社会的価値の創出をマーケティング

手段とする戦略論へ」の変化と言えよう。このように，より積極的な局面からとらえたソサイエタル・マーケティングは戦略的ソーシャル・マーケティングと呼ばれることもある。

研究課題

1）大学や病院のサービスやその提供方法を企業と比べてみよう。
2）企業のウェブサイトで『CSR レポート』などを読んで，企業がどのような社会貢献活動を行っているか調べてみよう。そのうえで，その社会貢献活動が企業のマーケティングに及ぼす影響を考えてみよう。

参考文献

- Du, S., C. B. Bhattacharya and S. Sen (2007), "Reaping Relational Rewards from Corporate Social Responsibility: The Role of Competitive Positioning," *International Journal of Research in Marketing*, Vol. 24, No. 3, pp.224-241.
- 芳賀康浩 (2014),「戦略的ソーシャル・マーケティングの基礎概念としての交換概念の再検討」『流通研究』第16巻，第3号，pp. 3 -24。
- 芳賀康浩・井上一郎 (2014),「Social Good キャンペーンの成果に影響を及ぼす要因の検討」『マーケティングジャーナル』第34巻，第1号，pp.35-53。
- 経済団体連合会編 (1994)『企業の社会貢献ハンドブック』日本工業新聞社。
- Kotler, P. and S. J. Levy (1969), "Broadening the Concept of Marketing," *Journal of Marketing*, Vol. 33, No. 1, pp.10-15.
- Kotler, P. (1982), *Marketing for Nonprofit Organizations*, 2 nd ed., Prentice-Hall.
- Kotler, P. and A. R. Andreasen (1996), *Strategic Marketing for Nonprofit Organizations*, 5 th ed., Prentice-Hall.
- Kotler, P., H. Kartajaya and I. Setiawan (2010), *Marketing 3.0: From Products*

to Customers to the Human Spirit, Wiley（恩藏直人監訳・藤井清美訳（2010），『コトラーのマーケティング3.0』朝日新聞出版社）.
- コトラー・フィリップ＝ゲイリー・アームストロング＝恩藏直人（2014），『コトラー，アームストロング，恩藏のマーケティング原理』丸善出版．
- 小山嚴也（2011），『CSRのマネジメント』白桃書房．
- Lazer, W. and E. J. Kelley（1973），*Social Marketing: Perspectives and Viewpoints*, Irwin.
- Lovelock. C. H. and C. B. Weinberg（1989），*Public and Nonprofit Marketing*, 2 nd. ed., Scientific Press Inc.（渡辺好章・梅沢昌太郎監訳（1991），『公共・非営利のマーケティング』白桃書房）．
- 宮澤永光（1995），『基本マーケティング』白桃書房．
- Porter, M. E. and M. R. Kramer（2011），"Creating Shared Value," *Harvard Business Review*, Vol. 89, No. 1/2, pp.62-77.
- 世良耕一（2014），『コーズ・リレーテッド・マーケティング』北樹出版．
- 鈴木安昭（2010），『新・流通と商業〔第5版〕』有斐閣．

索引

●配列は五十音順

●英字関連
GRP（gross rating point） 185
OOH メディア 186
POP 広告 186, 192
SWOT 分析 59

●あ 行
アロウワンス 186
威光価格 161
因果的リサーチ 101
インターナル・マーケティング 212
インタラクティブ・マーケティング 213
上澄み吸収価格（skimming price）戦略 161
エクスターナル・マーケティング 212
延期-投機の原理 176
オピニオン・リーダー 193

●か 行
開放的チャネル 171
価格競争 152, 154
価格バンドリング 163
カスタマー・インサイト（customer insight） 18, 98
買回品 116, 171
間接流通 167
関与 75
管理型 VMS 175
関連購買 89
記憶の連想ネットワーク 72
企業型 VMS 174
企業の社会的責任（corporate social resposibility；CSR） 238
期待-不一致理論 34
キャプティブ価格 163
クーポン 187
口コミ（word of mouth；WOM） 192
クラス・メディア 185
グループ・インタビュー 107
クロスメディア・コミュニケーション 186, 195
計画購買 89
啓発された自己利益（enlightened self-interest） 239
契約型 VMS 175
検証的リサーチ 101
限定的問題解決 84
公共・非営利マーケティング 23

貢献利益 155
行動観察（エスノグラフィー） 110
購買決定プロセス 81
購買履歴 195, 226
コーズ・リレーテッド・マーケティング 232
顧客価値 26, 27
顧客シェア 26, 38, 226
顧客志向性 16, 17, 230, 236
顧客生涯価値 27, 37
顧客ベースのブランド・エクイティ 140
顧客満足（CS） 26, 33, 210
コミットメント 216, 221
コミュニケーション・プロセス 181
コミュニケーションの2段階の流れ 193
コミュニティ・メディア 185
コモディティ化 29, 58, 136
コンセプト提案型マーケティング 57

●さ 行
サービス・エンカウンター 210
サービス・トライアングル 212
サービス・プロフィット・チェーン 211
サービス・リカバリー 224, 226
差別化型マーケティング 46
参照価格 163
サンプリング（試供品配布） 187
サンプリング（標本抽出） 111
参与観察 110
市場浸透価格（market penetration price）戦略 162
市場の達人 194
習慣的意思決定 85
従業員満足（ES） 211
集中型マーケティング 46
需要の価格弾力性 157
需要の交差弾力性 162
準拠集団 78
衝動購買 90
消費財 190, 191
消費者間コミュニケーション 192
消費者テスト 131
消費者向けプロモーション 187
新製品 127
人的販売 42, 187, 189, 190
垂直的マーケティング・システム（vertical marketing system；VMS） 174
製品アイディア 118, 130

製品コンセプト　118
製品戦略　115
製品属性　50
製品品目　126
製品ミックス　115, 124
製品ライフ・サイクル（product life cycle；PLC）　120
セールス・プロモーション（SP）　42, 186, 187
セグメンテーション　43, 44
セグメント　44
セリング（selling）　13
選好マップ　48
選択的チャネル　171
先発優位性　58
専門品　117, 171, 189
想起集合　74, 137
増量パック　187
測定尺度　113
ソサイエタル・マーケティング　236

●た　行
ターゲティング　43, 45
代表性ヒューリスティックス　88
ダイレクト・マーケティング　183, 189
探索的リサーチ　102
知覚コスト　28, 93
知覚ベネフィット　27, 28, 29, 93
知覚価値　160
知覚マップ　48, 70
チャネル・メンバー　168
チャネル・リーダー　174
直接流通　167
データ・マイニング　226
テスト・マーケティング　131
デプス・インタビュー　108
統合型マーケティング・コミュニケーション（IMC）　194
トレード・プロモーション　186

●な　行
ニーズ適応型マーケティング　57
ニーズの多様化　43
二次的ブランド連想　145

●は　行
排他的チャネル　171
端数価格　161
パブリシティ　42, 188, 192
パブリック・リレーションズ（PR）　188
バリュー・チェーン　60

販売会社（販社）　174
ビークル　184
非価格競争　154
非計画購買　89
ヒューリスティックス　88
標本調査　111
ファイブ・フォース分析　63
フィールド実験　109
プライス・ライニング　163
フランチャイズ・システム　175
ブランド・イメージ　74, 142
ブランド・カテゴライゼーション　73, 74
ブランド・コミュニティ　223
ブランド・ロイヤルティ　26
ブランド拡張　137, 147
ブランド再生　141
ブランド再認　141
ブランド知識　73, 140
ブランド内競争　173
ブランド認知　141
ブランド要素　143, 144, 145
ブランド連想　142
フリークエンシー　185
フリークエンシー・プログラム　220
プル戦略　190
フルライン戦略　46
プレミアム　187
プロモーション　42, 184
ペイド・パブリシティ　188
ベネフィットの束　120, 200
包括的問題解決プロセス　83
ポジショニング（positioing）　47
ボランタリー・チエーン　175

●ま　行
マーケティング・インテリジェンス活動　98, 99
マーケティング・コンセプト　16, 236
マーケティング・マネジメント　22
マーケティング3.0　231
マーケティング環境　43, 58
マーケティング戦略　40
マス・カスタマイゼーション　218
マス・マーケティング　45
ミステリー・ショッパー　110
無差別型マーケティング　45
最寄品　116, 171

●ら　行
リーチ　185

著者紹介

芳賀　康浩（はが・やすひろ）　・執筆章→ 1・3・4・8・10・11・13・15

1968年	愛知県に生まれる
1998年	早稲田大学大学院商学研究科博士後期課程単位取得
現在	青山学院大学教授
専攻	マーケティング論，ソーシャル・マーケティング論
所属学会	日本商業学会，日本広告学会，日本消費者行動研究学会，American Academy of Advertising など。
主な業績	『エネルギー問題のマーケティング的解決』（共著　朝日新聞出版）。
	『マーケティング戦略論』（共著　芙蓉書房）。
	「戦略的ソーシャル・マーケティングの基礎概念としての交換概念の再検討」（日本商業学会『流通研究』第16巻，第3号）。

平木いくみ（ひらき・いくみ）　・執筆章→ 2・5・6・7・9・12・14

1975年	北海道に生まれる
2006年	早稲田大学大学院商学研究科博士後期課程単位取得
現在	東京国際大学教授
専攻	マーケティング論，消費者行動論
所属学会	日本消費者行動研究学会，日本商業学会，日本広告学会，Association for Consumer Research など。
主な業績	「店舗空間における感覚マーケティング」（共著　季刊マーケティング・ジャーナル）。
	「香りとマーケティング・コミュニケーション」（『日経広告研究所報』第289号）。
	『感覚マーケティング』（共訳　有斐閣）。

放送大学教材　1639544-1-1711（テレビ）

マーケティング論

発　行	2017年3月20日　第1刷
著　者	2022年7月20日　第4刷
著　者	芳賀康浩・平木いくみ
発行所	一般財団法人　放送大学教育振興会
	〒105-0001　東京都港区虎ノ門1-14-1　郵政福祉琴平ビル
	電話　03（3502）2750

市販用は放送大学教材と同じ内容です。定価はカバーに表示してあります。
落丁本・乱丁本はお取り替えいたします。

Printed in Japan　ISBN978-4-595-31732-3　C1334